JAMES GEORGE FRAZER

LE TRÉSOR LÉGENDAIRE DE L'HUMANITÉ

FEUILLES DÉTACHÉES DU RAMEAU D'OR
PAR Lady FRAZER

A PARIS
LIBRAIRIE·DE·FRANCE
F. SANT'ANDREA ~ EDITEUR
110· Boul? SAINT·GERMAIN
1·9·2·5

LE TRÉSOR LÉGENDAIRE
DE L'HUMANITÉ

JAMES GEORGE FRAZER

LE TRÉSOR LÉGENDAIRE DE L'HUMANITÉ

FEUILLES DÉTACHÉES DU RAMEAU D'OR
PAR Lady FRAZER

A PARIS
LIBRAIRIE·DE·FRANCE
F. SANT'ANDREA — EDITEUR
110 Boul? SAINT GERMAIN
1·9·2·5

PREMIÈRE PARTIE

NOËL ET LE GUI

Le Rameau d'Or

Pourquoi le gui a-t-il reçu le nom de Rameau d'Or ? Le jaune paille de ses baies ne suffit pas à expliquer ce nom, car Virgile dit que la plante tout entière était dorée. Peut-être le nom provient-il du fait qu'un rameau de gui, coupé et conservé longuement, se recouvre d'une teinte dorée, la tige et les feuilles comme les baies, de sorte que la branche fait l'effet d'un Rameau d'Or. A Noël, les paysans bretons suspendent de grandes branches de gui à l'entrée de leurs chaumières et quand arrive le mois de juin tous les regards sont attirés et éblouis par l'éclat métallique du feuillage. Dans certaines parties de la Bretagne, en particulier au Morbihan, on orne de gui les portes des écuries et des étables, afin de protéger chevaux et bétail, sans doute, contre la sorcellerie.

La nuance dorée du gui mort pourrait expliquer en partie la propriété qu'on lui attribue parfois d'aider à découvrir les trésors enfouis sous terre; pour le chercheur, l'affinité naturelle entre un rameau jaune et l'or, également jaune, est toute démontrée! Elle se confirme par l'exemple analogue des propriétés merveilleuses que l'esprit inculte accorde à la graine ou à la fleur de fougère fabuleuse.

La graine de fougère passe pour briller, la veille de la Saint-Jean, comme de l'or ou du feu. C'est ainsi qu'en Bohême on dit que, « la veille de la Saint-Jean, la graine de fougère porte des fleurs dorées qui lancent des lueurs comme du feu. » Or, cette légendaire graine de fougère donne à celui qui la possède ou qui, la tenant en main la veille de la Saint-Jean, gravit une montagne, le pouvoir de découvrir une veine d'or et les trésors de la terre brilleront pour lui avec un reflet bleuâtre. En Russie, on prétend que si l'on réussit, à minuit, la veille de la Saint-Jean, à se procurer cette merveilleuse fleur de fougère, on n'a qu'à la lancer en l'air et qu'elle retombera comme une étoile à l'endroit même où un trésor est caché. En Bretagne, les chercheurs de trésors ramassent de la graine de fougère à minuit, la veille de la Saint-Jean, et la gardent jusqu'au Dimanche des Rameaux de l'année suivante; ils la répandent alors sur le sol à l'endroit où, croient-ils, un trésor est caché. Les paysans tyroliens s'imaginent que, la veille de la Saint-Jean, on peut voir des trésors cachés lancer des lueurs comme des flammes, et que de la graine de fougère, ramassée à cette date mystique avec les précautions voulues, amènera à la surface l'or enfoui sous le sol. Dans le canton suisse de Fribourg, un ancien usage faisait veiller les habitants à côté d'une plante de fougère, la nuit de la Saint-Jean, dans l'espoir de gagner un trésor que le diable en personne leur apportait quelquefois. En Bohême, on dit que celui qui se procure la fleur dorée de la fougère à cette époque possède ainsi la clef de tous les trésors cachés ; et si des jeunes filles tendent un drap sous la fleur qui doit bientôt se faner, on y verra tomber de l'or rougeâtre. Dans le Tyrol et la Bohême, si l'on place de la graine de fougère parmi de l'argent, cet argent jamais ne diminuera, dût-on y puiser aussi souvent qu'on voudra. Quelquefois, on suppose que la graine de fougère fleurit la nuit de Noël, et que celui qui se la procure deviendra très riche. En Styrie, on dit qu'en ramassant de la graine de fougère la nuit de Noël, on peut forcer le diable à vous apporter un sac d'argent. En Souabe, on peut de même, en prenant les précautions convenables, forcer Satan lui-même à vous apporter un paquet de graine de fougère la nuit de Noël. Mais, pendant quatre semaines avant cette date et toute l'époque de l'Avent, il faut bien prendre garde de ne pas prier, de ne jamais aller à l'église, et de ne jamais employer d'eau bénite ;

il faut ne penser, tout le jour durant, qu'au diable, et souhaiter très ardemment que le diable vous aide à vous procurer de l'argent. Ainsi préparé, vous allez vous poster, entre onze heures et minuit, la nuit de Noël, au croisement de deux routes par lesquelles des morts ont été transportés au cimetière. Là, vous rencontrez bien des gens, dont certains sont morts et enterrés depuis longtemps — ce sont vos parents ou vos grands-parents ou d'anciens amis et connaissances —; ils vous arrêtent, vous saluent et vous demandent : « Que faites-vous ici ? » Et de tout petits lutins dansent et sautent tout autour et s'efforcent de vous faire rire. Si vous souriez ou si vous prononcez un seul mot, le diable vous déchire en morceaux sur-le-champ. Si, au contraire, vous restez maussade, muet et prenez un air solennel, après le passage du cortège de fantômes, vous verrez venir un homme habillé en chasseur: c'est le diable. Il vous offrira un cornet en papier plein de graine de fougère, que vous devrez conserver et porter partout avec vous tant que vous vivrez. Cela vous donnera la force de faire en un seul jour autant de travail dans votre métier qu'en peuvent faire, dans le même temps, vingt ou trente hommes ordinaires. Vous deviendrez ainsi très riche. Mais peu de gens ont le courage de soutenir l'épreuve jusqu'au bout. A Rotenbourg, les habitants citent un tisserand de la ville, qui vécut quelque deux cent cinquante ans et accomplit des prodiges dans son métier par le simple moyen de la graine de fougère qu'il avait pu se procurer; il la tenait sans doute du diable, bien que la tradition ne le rapporte pas expressément. Fier de la possession de ce trésor, le paresseux coquin ne travaillait que le samedi et passait tout le reste de la semaine à jouer et à boire; et pourtant, en un seul jour, il tissait bien plus d'étoffe que n'importe quel autre habile tisserand qui, d'un bout de la semaine à l'autre, restait assis à son métier du matin au soir. Il gardait naturellement son secret, et nul n'aurait jamais pu savoir comment il s'y prenait, s'il n'était arrivé ce que, humainement parlant, on appellerait un accident, mais que, pour ma part, je ne puis m'empêcher de regarder comme l'action évidente de la Providence. Un jour — c'était l'octave d'une fête — cet heureux artisan avait tissé une étoffe qui ne mesurait pas moins de cent aunes de long, et son épouse résolut de la porter, le soir même, au client. Elle la plaça donc dans un panier, et la voilà en route. En passant devant une église, elle entendit le tintement de la cloche qui annonçait l'Élévation. En femme de bien qu'elle était, elle déposa son panier, s'agenouilla à côté, et, tandis que l'ombre s'épaississait autour d'elle, elle se confia à Dieu et à ses anges, et reçut, en même temps que l'assemblée des fidèles agenouillés dans l'église éclairée, la bénédiction du soir, qui la préservait comme eux des périls et des dangers de la nuit. Elle se leva, réconfortée, et reprit son panier. Mais quel ne fut pas son étonnement de trouver, en le regardant, qu'il n'y restait plus qu'un amas de fils ! Les saintes paroles prononcées par le prêtre à l'autel avaient détruit le charme maudit de l'Ennemi du genre humain.

C'est ainsi que, d'après le principe que le semblable produit le semblable, la graine de fougère passe pour découvrir l'or, parce qu'elle en a la couleur ; et, pour une raison analogue, elle enrichit son possesseur d'une inépuisable réserve de ce précieux métal. Mais la graine de fougère, que l'on représente comme dorée, est également décrite comme rouge et flamboyante. Aussi, si nous songeons que les deux grands jours pour ramasser la graine fabuleuse sont la veille de la Saint-Jean et le jour de Noël — c'est-à-dire les deux solstices (car Noël n'est qu'une ancienne célébration païenne du solstice d'hiver) — nous sommes amenés à considérer comme plus important et antérieur l'aspect par où la graine de fougère ressemble à du feu, et comme secondaire et dérivé le fait qu'elle est de couleur dorée. La graine de fougère semblerait donc, en fait, être une émanation du feu du soleil aux deux moments importants de sa carrière, les solstices d'hiver et d'été. Cette théorie se trouve confirmée par une histoire allemande, d'après laquelle un chasseur se procura de la graine de fougère en tirant sur le soleil, à midi, le jour de la Saint-Jean; trois gouttes de sang tombèrent; il les recueillit dans un linge blanc, et ces gouttes de sang étaient la graine de fougère. Ici, le sang est évidemment le sang du soleil, dont la graine de fougère provient ainsi directement. On peut donc tenir pour probable que la graine de fougère est dorée, parce qu'elle passe pour être une émanation du feu doré du soleil.

Or le gui, comme la graine de fougère, se cueille soit à la Saint-Jean, soit à Noël, c'est-à-dire au solstice d'été ou d'hiver; comme la graine de fougère aussi, il possède, croit-on, le pouvoir de révéler les trésors enfouis sous la terre. La veille de la Saint-Jean, en Suède, on confectionne des baguettes divinatoires avec du gui, ou avec quatre sortes différentes de bois, dont le gui. Le chercheur de trésor place la baguette sur le sol après le coucher du soleil; quand elle se trouve exactement au-dessus du trésor, la baguette se met à remuer comme si elle était douée de vie. Si le gui découvre l'or, ce doit être en sa qualité de Rameau d'Or; et si on le cueille lors des solstices, le Rameau d'Or ne doit-il pas être, comme la graine de fougère dorée, une émanation du feu solaire? On ne peut répondre à la question par une simple affirmation. Les anciens Aryens allumaient peut-être, en partie comme charmes, les feux des solstices et de leurs autres cérémonies, c'est-à-dire dans l'intention de fournir au soleil de nouvelles flammes; et comme ces feux étaient d'ordinaire produits par le frottement ou la combustion de bois de chêne, les anciens Aryens peuvent fort bien avoir cru que le soleil refaisait périodiquement ses forces grâce au feu qui résidait dans le chêne sacré. En d'autres termes, ils considéraient peut-être le chêne comme le réservoir originel du feu, qu'on en tirait, de temps en temps, pour alimenter le soleil. Mais, si l'on plaçait dans le gui la vie du chêne, le gui devait donc, dans cette croyance, renfermer la graine ou le germe du feu qu'on obtenait par frottement avec du bois de chêne. Ainsi, au lieu de dire que le gui était une émanation du feu du soleil, il pourrait être plus exact de dire que le feu du soleil était considéré comme une émanation du gui. Rien d'étonnant donc si le gui brillait d'un éclat doré et recevait le nom de Rameau d'Or. Il est probable, cependant, que c'était seulement à certaines époques, surtout à la Saint-Jean, lorsqu'on tirait du feu du chêne pour allumer le soleil, que le gui, comme la graine de fougère, passait pour revêtir cet aspect doré. A Pulverbatch dans le Shropshire, on trouve encore des hommes qui ont entendu dire que le chêne fleurit à la Saint-Jean et que sa fleur se fane avant l'aube. Une jeune fille qui désire savoir ce que lui réserve le mariage n'a qu'à étendre pendant la nuit une étoffe blanche sous l'arbre; le matin, elle y trouvera un peu de poussière, tout ce qui reste de la fleur. Qu'elle place cette pincée de poussière sous son oreiller, et son futur mari lui apparaîtra dans ses rêves. Cette fleur éphémère du chêne était probablement, croyons-nous, le gui, dans sa qualité de Rameau d'Or. Notre conjecture est confirmée par la remarque que, dans le Pays de Galles, un véritable rameau de gui, cueilli la veille de la Saint-Jean, est traditionnellement placé sous l'oreiller pour produire des rêves prophétiques; en outre, la façon dont on reçoit, dans une étoffe blanche, la fleur imaginaire du chêne, correspond exactement à celle qu'employaient les Druides pour recueillir le gui lorsqu'il tombait de la branche du chêne, coupé par leur faucille d'or. Comme le comté de Shropshire se trouve sur les frontières du

Pays de Galles, la croyance que le chêne fleurit la veille de la Saint-Jean est peut-être galloise d'origine immédiate, et sans doute remonte à la foi primitive des Aryens. Dans certaines parties de l'Italie, les paysans, le matin de la Saint-Jean, partent encore à la recherche des chênes pour trouver l'« huile de Saint-Jean », qui, comme le gui, guérit toutes les blessures, et est, peut-être, le gui lui-même sous l'un de ses aspects. Il est ainsi facile de comprendre comment ce titre de Rameau d'Or, qui caractérise si mal la plante telle qu'elle se voit sur l'arbre, ait pu être appliqué au parasite en apparence insignifiant. Nous pouvons aussi comprendre peut-être pourquoi dans l'antiquité le gui passait pour posséder la remarquable propriété d'éteindre le feu, et pourquoi en Suède on le conserve encore dans les maisons en guise de protection contre l'incendie. Sa nature même le désigne précisément comme le meilleur des remèdes ou des préventifs possibles contre les blessures causées par le feu.

Ces considérations peuvent expliquer en partie pourquoi Virgile fait emporter par Enée, lors de sa descente dans le monde souterrain, un rameau de gui enchanté. Le poète raconte qu'aux portes mêmes de l'enfer s'étendait un bois vaste et ténébreux, et comment le héros, suivant le vol de deux colombes qui le guidaient, s'enfonça dans les profondeurs de la forêt immémoriale et aperçut enfin, au loin, à travers la nuit des arbres, la lueur tremblotante du Rameau d'Or illuminant les branches entrelacées. Si l'on croyait que le gui, sous la forme d'un rameau jaune et desséché, dans les bois tristes de l'automne, contenait la semence du feu, quel meilleur compagnon un voyageur, égaré dans les ombres des Enfers, pouvait-il emporter avec lui qu'un rameau qui servait à la fois de lampe pour éclairer ses pas et de bâton pour soutenir ses mains ? Ainsi armé, il pouvait hardiment faire face aux spectres affreux qu'il rencontrait dans son voyage d'aventures. Aussi, lorsqu'Enée, débouchant de la forêt, arrive aux bords du Styx, qui serpente lentement à travers le marais infernal, et que le Nocher farouche lui refuse le passage dans sa barque, il n'a qu'à tirer de son sein le Rameau d'Or et à le montrer; à cette vue, le fanfaron se calme aussitôt et reçoit aimablement le héros dans son fragile esquif, qui s'enfonce profondément dans les eaux sous le poids inaccoutumé d'un vivant. Même à une époque récente, on a considéré le gui comme une protection contre les sorciers et les gnomes; il est bien naturel que les anciens lui aient attribué la même vertu magique. Si le parasite peut, comme le croient certains de nos paysans, ouvrir toutes les serrures, pourquoi n'aurait-il pas servi de « Sésame, ouvre-toi », entre les mains d'Enée, pour ouvrir les portes des Enfers. Il y a des raisons de supposer que, lorsqu'Orphée descendit de même dans le monde souterrain pour arracher aux ténèbres l'âme de sa défunte Eurydice, il emporta un rameau de saule qui devait lui servir de passeport dans son voyage au pays des morts; dans les grandes fresques représentant les Enfers, que Polygnote traça de main de maître sur les murs d'une loggia à Delphes, on voyait Orphée, assis pensif sous un saule, sa lyre, maintenant muette et inutile dans la main gauche, tandis que de la main droite il serrait les rameaux pleureurs de l'arbre. Si, dans ce tableau, le saule a véritablement le sens que lui a attribué un ingénieux érudit, le peintre a voulu représenter le musicien rêvant aux temps où la branche de saule avait contribué à le ramener, dans la barque du nocher infernal, vers le monde de lumière, d'amour et de musique que ses yeux ne devaient plus revoir.

LE GUI COMME PARATONNERRE, PASSE-PARTOUT ET PROTECTION CONTRE LA SORCELLERIE

L'ancienne opinion italienne suivant laquelle le gui éteint le feu paraît être partagée par les paysans suédois, qui pendent des bouquets de gui au plafond de leurs pièces comme protection contre le mal en général et l'incendie en particulier. Une indication sur la façon dont le gui en vient à posséder cette propriété nous est fournie par l'épithète « balai de tonnerre », que donnent à la plante les gens du canton d'Argovie, en Suisse. Car un balai de tonnerre est une excroissance raboteuse, broussailleuse, sur les branches d'un arbre, qui, dans la croyance populaire, est produite par un éclair; aussi, en Bohême, un balai de tonnerre brûlé dans le feu protège-t-il la maison contre la foudre. Étant lui-même un produit de la foudre, il sert naturellement, d'après la magie homéopathique, de protection contre la foudre, et constitue une sorte de paratonnerre. Le feu que le gui est particulièrement destiné à écarter des maisons suédoises doit donc être le feu allumé par la foudre; bien que, sans nul doute, la plante soit également efficace contre l'incendie en général.

Outre celui de paratonnerre, le gui joue le rôle

de passe-partout, car il est censé ouvrir toutes les serrures. Mais, la plus précieuse de toutes les propriétés du gui, c'est peut-être qu'il procure une protection efficace contre la sorcellerie et la magie. Telle est, sans doute, la raison pour laquelle, en Autriche, on place un rameau de gui sur le seuil pour chasser le cauchemar; et c'est peut-être aussi la raison pour laquelle on dit, dans le nord de l'Angleterre, que, si vous voulez voir prospérer votre laiterie, vous devez donner votre bouquet de gui à la première vache qui vêle après le Jour de l'An; car il est bien connu que rien n'est si fatal pour le lait et le beurre que les sortilèges. De même, dans les districts ruraux du Pays de Galles, où le gui abonde, il y en avait toujours à profusion dans les fermes. Quand le gui était rare, les paysans gallois disaient : « Pas de gui, pas de chance »; mais s'il y en avait en abondance, on comptait sur une belle récolte de blé. En Suède, on cherche le gui avec soin, la veille de la Saint-Jean, car les gens croient qu'il possède, à un haut degré, des qualités mystiques, et que si l'on en attache un petit rameau au plafond de la maison, dans l'écurie du cheval, ou dans l'étable de la vache, le gnome sera incapable de faire du mal à l'homme ou aux animaux.

Les Hays d'Errol

La tradition racontait que le sort des Hays d'Errol, domaine du comté de Perth, près du Firth of Tay, était lié au gui qui poussait sur un certain gros chêne. Un membre de la famille Hay a rapporté l'ancienne croyance en ces termes : « Chez les familles des basses terres, les emblèmes sont presque entièrement oubliés ; mais il ressort d'un ancien manuscrit et de la tradition, que répètent quelques personnes âgées du comté de Perth, que l'insigne des Hays était le gui. Il y avait autrefois dans le voisinage d'Errol, et non loin de la pierre du Faucon, un énorme chêne dont on ne connaissait pas l'âge, et sur lequel cette plante poussait à profusion ; on associait à cet arbre de nombreux charmes et légendes, et on disait que la durée de la famille Hay était liée à son existence. Un rameau de gui, coupé par un Hay la veille de la Toussaint, avec un poignard neuf, après qu'on avait fait trois fois le tour de l'arbre dans le sens du soleil, et qu'on avait prononcé une certaine incantation, passait pour être un charme très sûr contre toute magie ou sorcellerie, et une protection infaillible un jour de bataille. On plaçait un rameau de gui, cueilli de la même façon, dans le berceau

des petits enfants, et cela passait pour les empêcher d'être changés par les fées en petits
lutins. Enfin, on affirmait que, lorsque la racine
du chêne aurait péri, « l'herbe pousserait au
foyer d'Errol et un corbeau prendrait place
dans le nid du faucon. » Les deux actions les
plus dangereuses que pouvait commettre une
personne portant le nom de Hay étaient de tuer
un faucon blanc et de couper une branche au
chêne d'Errol. Nous n'avons pu savoir quand
l'arbre avait été détruit. Le domaine a été vendu
à quelqu'un n'appartenant pas à la famille de
Hay, et on dit naturellement que le chêne fatal
avait été abattu peu de temps auparavant. »
L'ancienne superstition est rapportée dans des
vers que la tradition attribue à Thomas le
Rimeur.

> « Tant que le gui couronne le chêne d'Errol,
> Tant que le chêne demeure intact,
> Les Hays seront prospères, et leur brave faucon gris
> Ne reculera jamais devant l'ouragan.
>
> Mais quand la racine du chêne dépérira,
> Quand le gui se mourra sur le tronc désséché,
> Le foyer du Noble Seigneur se tapissera d'herbes,
> Et, dans le nid du faucon, le corbeau croassera. »

CONVERSATIONS DES BESTIAUX LA VEILLE DE NOËL

Dans les montagnes des Vosges, comme d'ailleurs en bien d'autres endroits, les animaux, dans l'étable, recevaient, la veille de Noël, la faculté de parler, et ils conversaient entre eux dans la langue des Chrétiens. Leur conversation ne laissait pas d'être fort instructive; l'avenir n'avait point pour eux de secret. Rares cependant étaient ceux qui se souciaient d'aller écouter à la porte de l'étable; les gens sages se contentaient de disposer une abondante provision de fourrage dans la crèche, fermaient la porte, et laissaient les animaux ruminer en paix. Une fois, un paysan voulut se cacher dans un coin de l'étable pour surprendre les entretiens édifiants des bêtes. Bien mal lui en prit; un bœuf dit, en effet, à l'autre : « Que ferons-nous demain ? » Et l'autre répondit : « Nous porterons notre maître au cimetière. » Le paysan mourut en effet dans la nuit, et on l'enterra le lendemain matin.

LA BÛCHE DE NOËL EN SERBIE

Nulle part, semble-t-il, en Europe, l'ancien rituel païen de la bûche de Noël ne s'est conservé jusqu'à nos jours aussi parfaitement qu'en Serbie. La veille de Noël, dès l'aube, chaque famille de paysans charge deux de ses hommes les plus vigoureux de couper dans la forêt la plus proche un jeune chêne et de le rapporter à la ferme. Là, ceux-ci offrent une courte prière ou font trois fois le signe de la croix, jettent une poignée de blé sur le chêne qu'ils ont choisi et le saluent avec ces mots : « Heureux Noël pour toi ! » Puis ils l'abattent, en prenant soin qu'il tombe vers l'orient au moment précis où le disque du soleil apparaît au-dessus de la ligne de l'horizon. Si l'arbre venait à tomber vers l'ouest, ce serait pour la maison tout entière le pire des présages pour l'année qui vient ; et c'est aussi un mauvais présage que l'arbre soit retenu et arrêté dans sa chute par un autre. Il est important de conserver et d'emporter à la maison le premier éclat du chêne qu'on a abattu. On scie le tronc en deux ou trois bûches, l'une un peu plus longue que les deux autres. Une femme apporte de la maison un gâteau plat et sans levain fait avec la plus pure farine de froment et le rompt sur la plus grande des deux bûches. On laisse pour le moment les bûches au dehors, appuyées à l'un des murs de la maison. Chacune de ces bûches reçoit le nom de bûche de Noël.

Pendant ce temps, les enfants et les jeunes gens

vont de maison en maison en chantant des chansons spéciales appelées Colleda, du nom d'une ancienne divinité païenne Colleda, qui y est invoquée à chaque vers. Dans l'une de ces chansons, on la désigne comme « une belle petite jeune fille ; » dans une autre, on l'implore de faire en sorte que les vaches produisent beaucoup de lait. On passe le jour à des préparatifs très affairés. Les femmes font cuire des petits gâteaux d'un genre particulier qui ont la forme de porcs, d'agneaux et de poulets ; les hommes préparent un porc que l'on fera rôtir ; car, dans chaque maison serbe, le porc rôti constitue à Noël le mets principal. On apporte dans la cour une botte de paille, attachée avec une corde, et on l'y laisse près des bûches de Noël.

Au moment du coucher du soleil, tous les membres de la famille se réunissent dans la grande salle, la cuisine, de la maison principale. La mère de famille, ou la femme du chef, donne à l'un des jeunes hommes une paire de gants de laine ; il sort et revient bientôt, portant dans ses mains gantées la plus grosse des bûches. La mère le reçoit sur le seuil, et jette sur lui une poignée de froment, dans lequel on a gardé tout le jour le premier morceau de bois coupé le matin. En entrant dans la grande salle avec la bûche de Noël, le jeune homme salue toute la compagnie en ces mots : « Bonsoir, et puissiez-vous avoir un joyeux Noël ! » Et tout le monde répond en chœur : « Puissent Dieu et l'heureux et saint Noël t'assister ! » Dans certaines parties de la Serbie, le chef de famille, un verre de vin rouge à la main, souhaite la bienvenue à la bûche de Noël comme si c'était une personne et boit à sa santé. Après quoi, on répand un autre verre de vin sur la bûche. Puis, le plus âgé des hommes de la famille, aidé du jeune homme qui a apporté la bûche, la place sur le feu de façon que le gros bout dépasse du foyer d'environ un pied. En certains endroits, on enduit cette extrémité de miel.

La mère de famille apporte ensuite la botte de paille qu'on avait laissée dehors. Tous les jeunes enfants se placent en file derrière elle. Elle fait alors, très lentement, le tour de la salle et des pièces voisines, en jetant des poignées de paille sur le parquet et en imitant le caquet d'une poule ; tous les enfants la suivent, en piaulant comme autant de poussins. Quand le sol est bien jonché de paille, le père ou l'homme le plus âgé de la famille jette quelques noix dans chaque coin de la cuisine. Dans le coin est, on place un grand pot ou une petite boîte en bois remplie de blé, et on plante au milieu du blé une longue bougie de cire jaune. Le père allume la bougie avec grand respect et prie Dieu d'accorder à sa famille santé et bonheur, de donner aux champs une bonne moisson, aux ruches beaucoup de miel, aux bestiaux et aux moutons beaucoup de petits, et aux vaches beaucoup de lait et une épaisse crème. Tout le monde se met ensuite à manger, accroupi sur le plancher, car il est défendu en la circonstance de se servir de chaises et de tables.

A quatre heures le lendemain matin (jour de Noël), tout le village est en remue-ménage; beaucoup de gens ne ferment même pas l'œil de la nuit. On considère comme de la plus haute importance que la bûche de Noël brûle ardemment toute la nuit. De très bonne heure, on met aussi le porc à rôtir sur le feu, et, au même moment, un membre de la famille sort dans la cour et tire un coup de pistolet ou de fusil; quand la bête rôtie est enlevée du feu, il tire un nouveau coup. Aussi, pendant plusieurs heures, le matin de Noël, on entend un tel bruit de détonations qu'un étranger pourrait bien se demander quelle guerre sans merci se livre là. Immédiatement avant le lever du soleil, une jeune fille va puiser de l'eau à la source du village ou au ruisseau. Avant de remplir son seau, elle souhaite à l'eau un joyeux Noël et jette dans la source une poignée de blé. Les premières tasses de l'eau qu'elle apporte à la maison servent à faire cuire un gâteau spécial de Noël, dont tous les membres de la famille mangent au dîner; on en garde des portions pour les parents absents. On met dans le gâteau une petite pièce d'argent, et celui ou celle qui la trouve aura de la chance pendant l'année.

Toute la famille, rassemblée autour de la bûche de Noël qui flambe, attend alors impatiemment l'arrivée du visiteur de Noël, qui porte le titre de Polaznik. C'est généralement un jeune garçon d'une famille amie. Nulle autre personne, pas même le prêtre ou le maire du village, ne se permettrait d'entrer dans la maison avant l'arrivée de cet important personnage. Aussi doit-il venir, et vient-il en général, de très bonne heure le matin. Il porte un gant de laine plein de blé, et quand on lui ouvre la porte, il jette des poignées de blé sur la famille rassemblée autour du foyer, et la salue avec ces mots : « Le Christ est né ! » Tous répondent : « Il est né en effet », et l'hôtesse lance une poignée de blé sur le visiteur de Noël; celui-ci jette en outre une partie de son blé dans les coins de la pièce aussi bien que sur les personnes. Puis il marche droit à l'âtre, prend une pelle, et frappe la bûche qui brûle; un nuage d'étincelles vole dans la cheminée; il dit en même temps : « Puissiez-vous avoir cette année autant de bœufs, autant de chevaux, autant de moutons, autant de porcs, et autant de ruches pleines de miel, autant de chance, de prospérité et de bonheur ! » Ces souhaits prononcés, il embrasse son hôte. Puis il se tourne à nouveau vers l'âtre, tombe à genoux, et embrasse le bout de la bûche de Noël qui dépasse. Il se relève et place une pièce sur la bûche ; c'est là son présent. Pendant ce temps, une femme a apporté une chaise basse en bois, et on y conduit le visiteur qui y prend place. Mais, au moment même où il va s'asseoir, un homme de la famille enlève vivement la chaise, et le *polaznik* s'étale par terre. Par cette chute, il fixe dans le sol tous les souhaits de bonheur qu'il a prononcés le matin. L'hôtesse l'enveloppe alors dans une épaisse couverture, et il reste assis et tranquille quelques minutes ; l'épaisse couverture dans laquelle il est emmailloté est la garantie absolue que, l'année suivante, le lait des vaches se couvrira d'une crème épaisse. Tandis qu'il enrichit ainsi la laiterie, les garçons qui doivent garder les troupeaux l'année prochaine s'approchent de l'âtre, se mettent à genoux et s'embrassent au-dessus de l'extrémité de la bûche de Noël qui dépasse. Par cette démonstration d'affection, on croit qu'ils scellent l'amour des brebis pour leurs agneaux.

Deuxième Partie

CRÉATURES FANTASTIQUES

Elevés dans une philosophie qui dépouille la
nature de sa personnalité et la réduit à la cause
inconnue d'une série ordonnée d'impressions
faites sur nos sens, nous avons de la peine à nous
mettre à la place du sauvage, à qui les mêmes
impressions apparaissent sous la forme d'esprits
ou comme leur œuvre. Des siècles durant, l'armée
des fantômes, jadis toute proche de nous, s'est
éloignée de plus en plus; la baguette magique
de la science l'a écartée de nos foyers, de nos
demeures, comme de la cellule délabrée et de la
tour tapissée de lierre; le lac solitaire, les halliers
hantés ne connaissent guère aujourd'hui les apparitions; elles ont quitté le sombre nuage strié
qui vomit le tonnerre, ainsi que le nuage plus
resplendissant qui offre une couche moelleuse
à la lune argentée, ou celui qui marbre d'une
lueur rutilante les derniers feux du soir. Les
spectres ont déserté leur ultime citadelle dans
le ciel, dont la voûte azurée ne sert plus, sauf
auprès des enfants, de voile pour masquer aux
yeux mortels les splendeurs du monde céleste.
Ce n'est que dans les songes des poètes ou dans
l'envolée passionnée du prédicateur que nous

voyons flotter encore les drapeaux déchirés de l'armée en retraite; nous entendons alors le battement de ses ailes invisibles, l'écho de son rire moqueur, ou les vibrations d'une musique angélique qui s'évanouit dans le lointain. Il en est bien autrement avec le sauvage. Pour son imagination, le monde fourmille encore de ces êtres variés qu'une philosophie plus grave a repoussés. Les fées et les lutins, les ombres et les démons flottent autour de lui, dans ses veilles comme dans son sommeil. Ils guettent les traces de ses pas, éblouissent ses sens, entrent en lui, le torturent, le trompent et le tourmentent de mille façons malicieuses et capricieuses. Les malheurs qui le frappent, les pertes qu'il a à supporter, il les attribue couramment, sinon à la magie de ses ennemis, du moins au dépit, à la colère, ou au caprice des fantômes. Leur présence constante le lasse, leur méchanceté incessante l'exaspère; il brûle d'un désir inexprimable de s'en débarrasser; de temps à autre, réduit aux abois, sa patience à bout, il se tourne férocement contre ses persécuteurs et fait un effort désespéré pour chasser du pays toute la meute de ces démons, pour délivrer l'air de leurs essaims, afin de pouvoir respirer plus librement et aller son chemin, au moins pendant un temps, sans être inquiété. C'est ainsi que l'effort que font les

peuples primitifs pour balayer tous leurs maux
prend en général la forme d'une grande chasse
et d'une expulsion des diables et des esprits.
Ils croient que, si seulement ils peuvent se débarrasser de leurs maudits bourreaux, ils entreront
dans une ère nouvelle de bonheur et d'innocence;
les contes de l'Éden et de l'ancien âge d'or
de la poésie reviendront et seront vrais.

LES DÉMONS DE L'ABBÉ RICHALM

Nul Esquimau sur les rivages glacés du La-
brador, nul Indien dans les brûlantes forêts de
la Guyane, nul Indou accroupi dans les jon-
gles du Bengale ne peut avoir un sentiment
plus constant et plus assuré de la présence, tout
autour de lui, de démons malveillants, que n'en
avait l'abbé Richalm, qui dirigeait le monastère
cistercien de Schonthal dans la première moitié
du treizième siècle. Dans le curieux ouvrage
qu'il a intitulé *Révélations*, il a exposé comment
il était, chaque jour et à chaque heure, infesté
par les diables; il ne pouvait pas les voir, mais
il les entendait, et il leur attribuait tous les maux
de sa chair et toutes les défaillances de son âme.
S'il se sentait des nausées, c'étaient, bien sûr,

les démons qui le voulaient. Si des rides apparaissaient sur son nez, si sa lèvre inférieure pendait, le diable encore en était responsable; une toux, un rhume de cerveau, un chat dans la gorge, un crachement, ne pouvaient avoir qu'une origine surnaturelle et démoniaque. Si, en se promenant dans son jardin par une matinée ensoleillée d'automne, le corpulent abbé se baissait pour ramasser le fruit mûr tombé pendant la nuit, ses ennemis invisibles lui faisaient aussitôt monter le sang au visage. Si l'abbé s'agitait sur sa couche d'insomnie tandis que le clair de lune, entrant par la fenêtre, projetait comme des barreaux noirs sur le sol de sa cellule les étançons, ce n'étaient pas les puces qui l'empêchaient de dormir — oh non ! « Ces bêtes-là, se disait-il sagement, ne piquent pas vraiment»; elles paraissent piquer, c'est vrai, mais ce n'est là que l'œuvre du diable. Si un moine ronflait dans le dortoir, le bruit incongru ne venait pas de lui, mais d'un démon caché dans sa personne. Professant de pareilles opinions sur la source de toute indisposition mentale ou corporelle, cet abbé prescrivait naturellement des remèdes qui sont inconnus à la pharmacopée et qu'on demanderait en vain à un apothicaire. Ils consistaient surtout en eau bénite et en signes de croix; ces derniers étaient tout particulièrement recommandés comme le spécifique contre les piqûres de puces.

LE SABBAT DES SORCIÈRES

C'était surtout la veille du premier mai, les jours de Saint-Thomas et de Saint-Jean, la veille de Noël et les lundis, que l'on redoutait les sorcières. Elles venaient alors chez un des habitants pour demander, emprunter ou voler quelque chose, n'importe quoi; mais malheur à l'infortuné qui les laissait emporter ne fût-ce qu'un petit morceau de bois, car elles allaient sûrement s'en servir contre lui. Ces nuits-là, les sorcières se rendaient à leur sabbat à cheval sur des fourches, ou des battes à beurre; mais si, pendant qu'elles tournoyaient dans l'obscurité, quelqu'un, en bas, appelait l'une d'elles par son nom, elle mourait dans l'année. Pour combattre et détruire les charmes que les sorcières jetaient sur hommes et bêtes, on avait recours à toutes sortes de mesures. C'est ainsi que, les jours indiqués plus haut où on les redoutait, on traçait trois croix sur les portes des étables ou on les protégeait en suspendant, au-dessus de l'entrée, de l'herbe de Saint-Jean, de la marjolaine, ou d'autres talismans tout aussi puissants. Très souvent aussi, les jeunes gens du village portaient la guerre chez l'ennemi; ils sortaient en troupe, en faisant claquer des fouets, en tirant des coups de fusil, en agitant des balais enflammés, en criant et en faisant un tumulte indescriptible pour effrayer et chasser les sorcières. En Prusse, les sorcières et les magiciens se rassemblaient régulièrement deux fois par an. Ils tenaient leur sabbat en divers endroits. Ils allaient généralement à cheval sur une fourche, mais souvent aussi sur un cheval noir à trois jambes; ils partaient par la cheminée en s'écriant : « En avant, montons et nul arrêt ! » Quand tous étaient réunis sur la Montagne des Sorcières, ils célébraient de grandes réjouissances; ils se régalaient tout d'abord, puis dansaient à la façon des gauchers sur une corde tendue, aux accords entraînants qu'un vieux magicien tirait d'un tambour et d'une tête de porc. Les Slaves du Sud croient que, la nuit de la Saint-Jean, une sorcière se glisse jusqu'à la grille de la ferme et dit : « Le fromage pour moi, le saindoux pour moi, le beurre pour moi, le lait pour moi, mais la peau de la vache pour toi ! » Après quoi, la vache mourra misérablement, et il faudra l'enterrer et vendre sa peau. Le seul moyen de prévenir ce désastre est d'aller dans les prés de très bonne heure le matin de la Saint-Jean, pendant que la rosée est sur l'herbe, de ramasser beaucoup de rosée dans un manteau imperméable, de l'emporter à la ferme, et là, après avoir attaché la vache, de la laver avec la rosée. Vous n'avez plus qu'à la traire aussi fort que vous le pouvez; la quantité de lait que vous obtiendrez sera tout-à-fait surprenante.

LES LOUPS-GAROUS

C'est une croyance fort répandue que certaines personnes peuvent se transformer, grâce à la magie, en loups ou en d'autres animaux, mais que toute blessure infligée à l'animal est infligée en même temps au sorcier ou à la sorcière qui s'est ainsi métamorphosé. Nous trouvons cette croyance en Europe, en Asie, en Afrique. Olaus Magnus nous apprend, par exemple, qu'en Livonie, peu d'années avant la date où il écrit, une dame noble eut une discussion avec son esclave sur le sujet des loups-garous; elle doutait qu'il en existât, lui y croyait très fermement. Pour la convaincre, il se retira dans une pièce, dont il ressortit bientôt sous la forme d'un loup. Les chiens le chassèrent dans la forêt et le loup aux abois se défendit furieusement ; mais il perdit un œil dans la lutte. Le lendemain, l'esclave retourna vers sa maîtresse sous la forme humaine, mais il était borgne.

En l'an 1588, il arriva aussi qu'un gentilhomme vivant dans un village des montagnes de l'Auvergne, regardant un soir par la fenêtre, vit un de ses amis qui allait à la chasse. Il lui demanda de lui rapporter une partie de son butin ; l'autre accepta. Mais, il n'était pas encore bien loin quand il fit la rencontre d'un loup énorme. Il tira et le manqua ; l'animal l'attaqua avec furie ; mais le chasseur était sur ses gardes, et d'un coup adroit de son coutelas, il trancha la patte de devant de la bête, qui s'enfuit sur-le-champ ; il ne la revit plus. Il retourna chez son ami et tira de sa gibecière la patte du loup ; il trouva, à sa grande horreur, que c'était une main de femme avec un anneau d'or à l'un des doigts. Son ami reconnut l'anneau comme étant celui de son épouse, et alla la chercher. Il la trouva assise auprès du feu, le bras droit sous son tablier. Comme elle refusait de le sortir, son mari lui montra la main avec l'anneau. Elle confessa alors la vérité : c'était elle, sous la forme d'un loup-garou, que le chasseur avait blessée. Il vérifia ses dires en appliquant la main au reste du bras ; elle s'y adaptait en effet parfaitement.

Le mari irrité livra à la justice sa mauvaise femme ; elle fut jugée et brûlée comme sorcière. On dit qu'un loup-garou, qui courait dans les rues de Padoue, fut un jour attrapé ; on lui coupa les quatre pattes ; il se changea aussitôt en homme, mais les mains et les pieds lui manquaient. Dans une ferme de la Beauce, il y avait aussi une fois un berger qui ne dormait jamais dans la maison. Ces absences nocturnes éveillèrent naturellement la curiosité et firent parler les gens. En même temps, étrange coïncidence, un loup venait toutes les nuits rôder autour de la ferme, et mettait en furie les chiens, dans la cour, en passant ironiquement son museau par la chatière de la grande porte. Le fermier, qui avait ses soupçons, décida d'ouvrir l'œil. Une nuit où le berger était sorti comme d'habitude, son maître le suivit sans bruit jusqu'à une cabane, où il le vit, de ses propres yeux, mettre une large ceinture, se changer aussitôt en loup et s'élancer dans les champs. Le fermier sourit d'un mauvais sourire et s'en retourna à la ferme. Il se munit d'un solide bâton, et se posta à la chatière, aux aguets. Il n'eut pas longtemps à attendre. Les chiens se mirent à aboyer avec furie, un museau de loup apparut par le trou ; le gourdin s'abattit, et on entendit une voix dire au-dehors. « Tant mieux. J'avais encore à courir pendant trois ans. » Le lendemain, le berger apparut comme d'habitude, mais il portait une cicatrice au front ; jamais plus il ne sortit la nuit.

En Chine, on retrouve la même foi à des transformations de ce genre dans l'histoire suivante. Un homme, à Sungyang, alla dans les montagnes chercher du bois pour se chauffer. La nuit tomba, et il fut poursuivi par deux tigres ; il grimpa sur un arbre pour leur échapper. Un tigre dit alors à l'autre : « Si nous pouvons trouver Chu-Tu-Shi, nous sommes certains d'attraper cet homme sur l'arbre. » L'un d'eux s'en alla donc chercher Chu-Tu-Shi, pendant que l'autre montait la garde au pied de l'arbre. Peu après, un autre tigre, plus maigre et plus long que les deux autres, apparut sur la scène et chercha à saisir la veste de l'homme. Fort heureusement, la lune éclairait l'endroit ; l'homme vit la patte, et, d'un coup de hache, trancha l'une des griffes. Les tigres poussèrent un rugissement et s'enfuirent, l'un après l'autre ; le Chinois dégringola de son arbre et retourna chez lui. Lorsqu'il raconta son histoire dans le village, les soupçons se portèrent naturellement sur le dénommé Chu-Tu-Shi, et des gens allèrent le voir chez lui le lendemain. On leur dit qu'il ne pouvait pas les voir, car il était sorti la nuit précédente, s'était blessé la main, et était maintenant couché. Ils devinèrent tout, et allèrent rapporter l'affaire à la police. La police arriva, cerna la maison et y mit le feu; mais Chu-Tu-Shi se leva de son lit, se changea en tigre, chargea à travers les policiers, et s'échappa; on ignore où il a bien pu aller.

Les Toradjas du centre de Célèbes ont très peur des loups-garous, c'est-à-dire des hommes et des femmes qui ont la faculté de se transformer en animaux, par exemple en chats, en crocodiles, en sangliers, en guenons, en daims, en buffles, qui rôdent partout et s'engraissent de chair humaine, et en particulier de foies humains, pendant qu'hommes et femmes, dans leur forme humaine, dorment tranquillement chez eux dans leur lit. Pour eux, un homme est né loup-garou ou le devient par contagion; car le simple contact avec un loup-garou, ou même avec quoi que ce soit que sa salive a touché, suffit pour changer en loup-garou la personne la plus innocente; et même il suffit d'appuyer sa tête là où le loup-garou a appuyé la sienne. Le châtiment de quiconque est un loup-garou est la mort; mais on ne condamne jamais l'accusé sans un procès en règle, où l'on démontre sa culpabilité par une épreuve qui consiste à tremper dans de la résine bouillante le majeur. Si le doigt n'est pas brûlé, l'homme n'est pas un loup-garou; mais s'il est brûlé, il en est bien certainement un; aussi l'emmène-t-on vers un endroit retiré où on le hache en morceaux. Les bourreaux qui le dépècent font naturellement bien attention de ne pas se faire éclabousser par son sang, ce qui les transformerait à leur tour en loups-garous. Ils placent en outre sa tête auprès de son derrière, pour empêcher son âme de revenir à la vie et de continuer ses déprédations. Telle est l'horreur qu'inspirent les loups-garous chez les Toradjas et telle est la peur qu'ont les habitants de recevoir la souillure mortelle, par infection, que beaucoup de personnes assurèrent à un missionnaire qu'elles ne chercheraient pas à épargner leur propre enfant, si elles savaient qu'il était loup-garou. Ces gens, dont la croyance aux loups-garous n'est pas une superstition morte ou en train de mourir, mais une conviction vivante et terrible, racontent sur les loups-garous des histoires qui rentrent dans la catégorie que nous examinons. Ils disent qu'une fois un loup-garou vint, revêtu d'une forme humaine, sous la maison d'un voisin, tandis que son véritable corps restait endormi chez lui comme d'habitude; il appela doucement la femme du voisin et lui demanda de le rencontrer, le lendemain, dans le champ de tabac. Mais le mari était éveillé; il entendit tout, et n'en dit rien à personne. Le lendemain se trouva être un jour affairé dans le village; il fallait mettre un toit à une nouvelle maison et tous les hommes prêtaient leur aide; parmi eux, il y avait bien sûr le loup-garou lui-même, je veux dire son moi humain; on le voyait sur le toit qui travaillait aussi dur que personne. Mais la femme se rendit au champ de tabac; et derrière elle, à son insu, allait son mari, qui se glissait à travers les taillis. Quand ils arrivèrent au champ, l'homme vit le loup-garou s'avancer vers sa femme; il se précipita sur lui et le frappa de son bâton. Rapide comme l'éclair, le loup-garou se changea en feuille; mais l'homme était agile, il saisit la feuille, la jeta dans le bambou creux où il conservait son tabac et le ferma bien fort. Il retourna alors au village avec sa femme en portant le bambou qui renfermait le loup-garou. Il vit que le corps humain du loup-garou était toujours sur le toit, et travaillait avec les autres. Il mit le bambou dans le feu. Là-dessus, le loup-garou humain, qui regardait du haut de son toit, dit: «Ne fais pas cela.» L'homme retira le bambou du feu, mais l'y remit un moment après; à nouveau, le loup-garou humain cria du haut de son toit: «Ne fais pas cela.» Mais cette fois, l'autre laissa le bambou dans le feu;

lorsqu'il flamba, le loup-garou humain tomba du toit, raide mort.

On racontait aussi l'histoire suivante, chez les Toradjas, il n'y a pas très longtemps. La chose se passait à Soemara, sur le golfe de Tomori. C'était le soir et des hommes étaient assis, bavardant avec un certain Hadji Mohammad. Quand il fit noir, l'un d'eux sortit de la maison pour telle ou telle raison. Peu après, ils crurent voir les bois d'un cerf se détacher nets et clairs sur le ciel brillant du soir. Hadji Mohammad leva son fusil et tira. Une minute ou deux plus tard, l'homme qui était sorti revient et dit à Hadji Mohammad : « Vous m'avez tiré dessus et touché. Il faut que vous me payiez une amende ». Ils eurent beau chercher, ils ne virent sur lui nulle blessure. Ils devinèrent alors que c'était un loup-garou qui s'était changé en cerf et avait guéri sa blessure en la léchant. La balle avait tout de même rempli son office, car deux jours après il était mort.

Pétrone raconte une ancienne histoire latine. Il la met dans la bouche d'un certain Nicéros. Tard dans la nuit, il avait quitté la ville pour aller rendre visite à l'une de ses amies, une veuve, qui vivait dans une ferme à quelque huit kilomètres de là. Il était accompagné d'un soldat, homme de stature herculéenne, qui logeait dans la même maison. Lorsqu'ils partirent, le jour allait naître, mais la lune brillait très claire. En traversant les faubourgs de la ville, ils passèrent parmi les tombes, qui bordaient la grand'route sur une certaine distance. Le soldat donna alors une excuse pour se retirer derrière un monument; Nicéros s'assit pour l'attendre; il chantonnait un air et comptait les tombes pour passer le temps. Après quelque temps, il chercha son compagnon, et vit un spectacle qui le glaça d'horreur. Le soldat avait dépouillé ses vêtements jusqu'au dernier et les avait déposés au bord de la route. Puis il accomplit sur eux une certaine cérémonie; immédiatement, il fut changé en loup, et se mit à courir et à hurler dans la forêt. Quand Nicéros eut recouvré ses esprits, il alla ramasser les vêtements, mais les trouva changés en pierre. Plus mort que vif, il tira son épée et, frappant toutes les ombres que projetaient les tombes sur la route, au clair de lune, il alla en chancelant jusqu'à la maison de son amie. Il y entra tel un fantôme, à la grande surprise de la veuve, qui s'étonnait de le voir dehors à une heure aussi tardive. « Si vous étiez seulement venu quelques minutes plus tôt, lui dit-elle, vous auriez pu me rendre service. Car un loup s'est précipité dans la cour, a effrayé les bestiaux et les a saignés tel un boucher. Mais il ne s'en est pas tiré à bon compte; le domestique lui a enfoncé une lance dans le cou. » Nicéros, quand il eut entendu ces mots, sentit qu'il ne pouvait que s'en retourner chez lui en toute hâte. Il faisait maintenant grand jour; arrivé à l'endroit où les vêtements avaient été changés en pierre, il n'y trouva plus qu'une mare de sang. Il arriva chez lui; le soldat était couché dans un lit, comme un bœuf égorgé, et le docteur était en train de lui bander le cou. « Alors, je compris, dit Nicéros, que cet homme était un loup-garou, et jamais plus je ne pus rompre le pain avec lui; on m'aurait tué plutôt qu'on ne m'y eût obligé. »

***

L'Ame Extérieure

Chez les Ekois de la région d'Oban, dans la Nigéria méridionale, il est très fréquent d'entendre une personne dire d'une autre qu'elle « possède » tel ou tel animal, voulant dire par là qu'elle peut prendre la forme de cet animal. Les gens croient que, par une pratique constante et en vertu de certains secrets héréditaires, un homme peut quitter son corps humain et revêtir celui d'une bête sauvage. D'après eux, outre l'âme qui anime son corps humain, chacun a une

« âme de la brousse » qu'il peut de temps en temps envoyer animer le corps de la créature qu'il « possède ». Lorsqu'on désire que son âme de la brousse aille rôder, on boit une potion magique, dont le secret se transmet depuis un temps immémorial, et dont on garde toujours une certaine quantité, prête à être employée, dans un vieux pot de terre mis de côté à cet effet. A peine a-t-il bu le breuvage mystique que l'âme de l'individu s'échappe loin de lui et va flotter invisible à travers la ville pour pénétrer dans la forêt. Là, elle se met à s'enfler et, abritée à l'ombre des arbres, elle prend la forme du double animal de l'homme, qui peut être un éléphant, un léopard, un buffle, un sanglier ou un crocodile. La potion varie naturellement selon le genre d'animal en qui l'homme se métamorphose momentanément. Il serait absurde de s'imaginer, par exemple, que la dose qui vous transforme en éléphant puisse aussi vous transformer en crocodile; la chose est manifestement impossible. Un grand avantage de ces transformations provisoires d'hommes en bêtes est qu'elles permettent à celui qui a revêtu une forme animale de se venger de ses ennemis sans s'attirer le moindre soupçon. Si vous en voulez par exemple à un fermier aisé, vous n'avez qu'à vous changer, pendant la nuit, en buffle, en éléphant, en sanglier, puis à faire irruption sur ses terres et à les piétiner jusqu'à ce que vous ayez rasé les récoltes qui s'y élevaient. C'est pourquoi, dans le voisinage des grandes fermes bien tenues, les gens préfèrent garder leurs âmes de la brousse dans des buffles, des éléphants et des sangliers, ces animaux fournissant le meilleur moyen de détruire les récoltes du voisin. Là, au contraire, où les fermes sont peu considérables et mal tenues, comme autour d'Oban, il ne vaut guère la peine de se changer en buffle ou en éléphant pour la maigre satisfaction de déraciner quelques misérables ignames ou d'autres récoltes sans importance de ce genre. Aussi les gens d'Oban gardent-ils leur âme dans des léopards et des crocodiles; si ceux-ci ne servent pas à grand'chose pour détruire les récoltes d'un voisin, ils sont du moins excellents pour tuer l'homme d'abord et le manger ensuite. Mais la faculté de se transformer en animal a ce sérieux inconvénient qu'elle vous expose à être blessé, ou même tué, dans votre peau animale avant que vous ayez le temps de regagner votre enveloppe humaine. Un cas de ce genre s'est produit, il n'y a pas très longtemps, à quelques kilomètres d'Oban, et ne laisse pas d'être assez curieux. Pour bien comprendre, il faut savoir que c'est sous la forme de buffles que les chefs de la tribu Odopop gardent leurs âmes, lorsqu'ils partent en tournée. Or, un jour, le commissaire du district d'Oban aperçut un buffle, venant boire à une rivière qui traversait son jardin. Il tira sur l'animal et le blessa grièvement. A ce moment précis, le chef de la tribu Ododop, à quinze kilomètres de là, porta vivement la main à son côté et dit : « On m'a tué à Oban. » La mort n'avait pas été instantanée, car le buffle traîna encore dans la forêt pendant un ou deux jours; mais, une heure ou deux avant la découverte du corps de l'animal, le chef avait expiré. Avant sa mort, avec une sollicitude touchante, il avait fait avertir tous ceux qui gardaient leur âme extérieure dans un buffle de profiter de son triste exemple et d'éviter de s'approcher d'Oban, qui n'était pas pour eux un endroit sûr. Il va de soi, quand un homme place de temps en temps son âme extérieure dans un animal, qu'il n'est pas assez sot pour aller tuer un animal de cette espèce, puisqu'il pourrait se tuer lui-même. Mais il peut tuer les animaux dans lesquels d'autres personnes cachent leur âme extérieure. Par exemple, un homme qui met son âme dans une vache sauvage peut sans se gêner tirer sur une antilope ou un sanglier; mais, s'il le fait, et s'il a des raisons de supposer que l'animal tué est le double de quelqu'un de ses amis, il doit accomplir sur le cadavre certaines cérémonies et revenir chez lui en toute hâte pour administrer un certain remède à l'homme qu'il a blessé sans le vouloir. Il peut ainsi arriver à temps pour préserver la vie de son ami des suites d'un accident déplorable.

LES USTRELS

En Bulgarie, les troupeaux souffrent beaucoup des raids de certains vampires suceurs de sang appelés *Ustrels*. Un *Ustrel* est l'esprit d'un enfant chrétien né un samedi et mort avant d'avoir pu être baptisé. Le neuvième jour après l'enterrement, il se fraye un chemin hors de la tombe et attaque aussitôt le bétail; il suce le sang des animaux toute la nuit et retourne à l'aube vers son tombeau se reposer de ses fatigues. Au bout de dix jours environ, les abondantes gorgées de sang qu'il a avalées ont si bien fortifié sa constitution qu'il peut entreprendre de plus longs voyages; aussi, lorsqu'il rencontre de grands troupeaux de bestiaux ou de moutons, il ne retourne plus le matin se reposer et se restaurer dans sa tombe; il s'installe pendant le jour entre les cornes d'un veau robuste, ou d'un bélier, ou entre les jambes de derrière d'une vache laitière. Les bêtes dont il a sucé le sang meurent la nuit même. Dans les troupeaux auxquels il s'attaque, il commence par l'animal le plus gras, et en vient ensuite, méthodiquement, aux vaches les plus maigres; pas un seul animal, bientôt, ne reste vivant. Les cadavres des victimes s'enflent; lorsqu'on leur enlève la peau, on peut toujours voir le morceau de chair livide où le monstre a sucé le sang de la malheureuse créature. En une seule nuit, il peut, en travaillant bien fort, tuer cinq vaches; mais il dépasse rarement ce nombre. Il peut très aisément changer de forme et de poids; par exemple, lorsque, pendant le jour, il se place entre les cornes d'un bélier, la bête sent à peine son poids; mais, la nuit, il se jette quelquefois si lourdement sur un bœuf ou une vache que l'animal ne peut bouger et mugit si lamentablement que cela vous fend le cœur de l'entendre. Les gens nés un samedi peuvent voir ces monstres, et il les ont décrits avec soin, si bien qu'on ne peut douter de leur existence. Il est donc de la plus haute importance que le paysan protège ses troupeaux contre les ravages de ces dangereux vampires. Il s'y prend de la façon suivante : un samedi matin, avant le lever du soleil, le tambour du village donne le signal d'éteindre tous les feux, il est même défendu de fumer. Puis on conduit à un endroit en plein air tous les animaux domestiques, à l'exception des poules, des oies et des canards. Devant les troupeaux marchent deux hommes, dont on ne doit pas prononcer le nom dans le village pendant la cérémonie. Ils vont dans le bois, choisissent deux branches sèches, et, après s'être dévêtus, ils frottent ces deux branches très fort l'une contre l'autre jusqu'à ce qu'elles prennent feu; avec le feu ainsi obtenu, ils allument deux feux de joie, un de chaque côté d'un carrefour qu'on sait être fréquenté par les loups. On fait passer ensuite le troupeau entre les deux feux. On rapporte au village les tisons des feux et on s'en sert pour rallumer les foyers des maisons. Pendant plusieurs jours, nul ne doit s'approcher des restes carbonisés et noircis des feux, au carrefour. La raison en est que le vampire s'y trouve; il est tombé de la place qu'il occupait entre les cornes de la vache pendant que l'on faisait passer les animaux entre les deux feux. Et, si quelqu'un venait à passer près du lieu pendant cette période, le monstre sûrement l'appellerait par son nom et le suivrait jusqu'au village; si, au contraire, on le laisse seul, un loup viendra à minuit l'étrangler, et dans quelques jours les bergers s'apercevront que son sang visqueux a trempé le sol. Telle est donc la fin du vampire. Dans cette coutume bulgare, la conception du feu de misère comme barrière placée entre le bétail et un esprit dangereux apparaît très clairement. L'esprit reste sur la vache jusqu'à ce qu'il arrive au passage resserré entre les deux feux; là, la chaleur est trop forte pour lui; il tombe évanoui de sa selle, ou plutôt des cornes, et l'animal, désormais sans cavalier, s'échappe sain et sauf au-delà des flammes et de la fumée, laissant son persécuteur étendu sur le sol de l'autre côté de la barrière bénie.

***

Arbres habités par des Esprits

Les Indiens Hidatsas de l'Amérique du Nord croient que tout objet naturel a son esprit ou, plus exactement, son ombre. Ces ombres ont droit à quelque considération et à quelque respect, mais elles ne se trouvent pas toutes sur un pied d'égalité. L'ombre du peuplier du Canada, par exemple, ce grand arbre de la vallée du haut Missouri est supposée posséder une intelligence qui, lorsqu'on sait l'approcher convenablement, peut aider les Indiens dans certaines entreprises; les ombres des arbustes et des herbes sont au contraire de peu d'importance. Quand le Missouri, gonflé par une crue de printemps, emporte une partie de ses rives, et entraîne quelque grand arbre dans son courant, on dit que l'esprit de l'arbre pleure, tant que les racines sont encore fixées à la terre, et jusqu'à ce que le tronc tombe avec bruit dans le fleuve. Les Indiens croyaient autrefois qu'il ne fallait pas abattre ces géants et, lorsqu'ils avaient besoin de grosses bûches, ils n'employaient que des arbres qui s'étaient écroulés d'eux-mêmes. Jusqu'à une époque récente, quelques-uns des vieillards les plus crédules déclaraient que la plupart des malheurs de leur peuple étaient causés par ce manque de respect des modernes pour les droits du peuplier du Canada. Les Iroquois croyaient que chaque espèce d'arbre, d'arbuste, de plante et d'herbe, avait son esprit, et c'était leur habitude de leur adresser des remerciements. Les Wanikas de l'Afrique orientale s'imaginent que chaque arbre, et en particulier chaque cocotier, a son esprit. « La destruction d'un cocotier est regardée comme équivalente à un parricide, parce que cet arbre leur donne la vie et la nourriture, comme une mère à son enfant. » Dans les Iles Yasawu de Fidji, un homme ne mange jamais une noix de coco sans, au préalable, demander la permission : « Puis-je te manger, mon chef ? » Chez les

Indiens Thompson de la Colombie britannique,
les jeunes gens adressaient la prière suivante
à la racine du tournesol avant de manger les
premières racines de la saison : « Je t'informe que
j'ai l'intention de te manger. Puisses-tu toujours
m'aider à monter, pour que je puisse toujours
atteindre le sommet des montagnes, et puissé-je
n'être jamais maladroit ! Je te demande, Racine
de Tournesol ! Tu es la vertu magique par
excellence. » L'oubli de cette prière aurait
rendu paresseux celui qui mangeait la racine,
et l'aurait fait dormir tard le matin. Nous
pouvons conjecturer, bien qu'on ne nous le
dise point, que ces Indiens attribuaient au tournesol le pouvoir de monter au-dessus du sommet des montagnes et de se lever tôt le matin ;
celui qui mangeait donc de cette plante, en ob-
servant les formalités requises, devait naturellement acquérir ces mêmes et si précieuses
facultés. Les Dayaks croient que les arbres ont
une âme, et n'osent point abattre un arbre déjà
vieux. Lorsque le vent a renversé un arbre cen-
tenaire, ils le redressent quelquefois, l'enduisent
de sang, et l'ornent de drapeaux « pour apaiser
l'âme de l'arbre. » Les moines siamois, croyant
qu'il y a des âmes partout, et qu'en détruisant
quoi que ce soit, on dépossède forcément une
âme, ne cassent jamais une branche d'arbre,

« pas plus qu'ils ne casseraient le bras d'une personne innocente. » Selon la croyance des Chinois, les esprits des plantes n'ont jamais la forme de plantes, mais en général celle d'êtres humains ou d'animaux, par exemple de taureaux et de serpents. On a vu quelquefois, au moment où l'on abattait un arbre, l'esprit se précipiter au loin sous la forme d'un taureau bleu.

En Chine, « de nos jours encore, la croyance qu'il existe des esprits des arbres dangereux pour l'homme reste très puissante. Dans le sud de Fuhkien, elle est telle, que nul n'oserait abattre un gros arbre ou couper de grosses branches, de peur d'irriter l'esprit qui y a établi sa demeure, et de se voir infliger par lui des maladies ou des calamités. Les banyans verts ou ch'îng, les arbres les plus grands qu'on trouve dans cette partie de la Chine, sont l'objet d'un respect tout particulier. Dans l'Amoy, certains peuples éprouvent une grande répugnance à planter des arbres; ceux qui les plantent, en effet, sont certains, aussitôt que les troncs auront atteint l'épaisseur de leur cou, d'être étranglés par les esprits des arbres. On ne nous a jamais donné aucune explication de cette curieuse superstition. Elle peut expliquer, en partie, l'absence totale de forêts plantées dans cette partie de la

Chine; seuls y viennent les arbres qui ont poussé d'eux-mêmes. »

Partout, en Egypte, sur les limites du pays cultivé, et même à quelque distance du Nil, on rencontre de beaux sycomores solitaires, qui semblent venir comme par miracle dans un sol sablonneux; leur frémissante verdure fait tache sur la teinte brune du paysage environnant, et leur feuillage, d'une épaisseur impénétrable, défie, même au cœur de l'été, le soleil de midi. Le secret de leur fraicheur est que leurs racines plongent dans des ruisseaux qui s'écoulent par d'invisibles écluses du grand fleuve. Autrefois, les Egyptiens de tous rangs considéraient ces arbres comme divins, et les honoraient. Ils leur donnaient des figues, des raisins secs, des concombres, des légumes et de l'eau dans des cruches de grès, que des âmes charitables remplissaient de liquide frais tous les jours. Les passants y étanchaient leur soif, aux heures de chaleur accablante, et payaient le breuvage rafraîchissant d'une courte prière. L'esprit qui animait ces beaux arbres restait généralement invisible; quelquefois, cependant, il sortait la tête ou tout le corps du tronc, mais pour l'y recacher bien vite. Au Congo, les nègres placent des calebasses de vin de palme au pied de certains arbres, pour qu'ils aient à boire quand ils ont soif.

SEDNA

A la fin de l'automne, quand le vent souffle en tempête sur le pays des Esquimaux et brise les chaînes de glace qui ne tiennent encore qu'à peine la mer superficiellement gelée, quand les banquises à la dérive s'entrechoquent et se brisent avec des craquements retentissants, et quand les embâcles s'amoncellent en désordre, les Esquimaux de la Terre de Baffin croient entendre la voix des esprits qui peuplent l'air chargé de troubles. A ce moment-là, les ombres des défunts frappent violemment aux huttes, dans lesquelles elles ne peuvent entrer, et malheur à l'infortunée créature qu'elles attrapent; elle tombe bientôt malade et meurt. Alors, le fantôme d'un énorme chien sans poil poursuit les chiens réels, qui, à sa vue, expirent dans des convulsions et des crampes. Tous les innombrables esprits du mal sont déchaînés, et s'efforcent d'amener la maladie et la mort, le mauvais temps et les chasses infructueuses. Les plus redoutés de tous ces spectres sont Sedna, souveraine des enfers, et son père, à qui échoient les Esquimaux après leur mort. Quand les autres esprits emplissent l'air et l'eau, Sedna monte de dessous le sol. La saison bat son plein pour les sorciers. Dans chaque maison, on peut les entendre chanter, prier, tandis que, assis dans une obscurité mystique, au fond de la hutte, dans la pénombre à peine éclairée par un quinquet à flamme basse, ils évoquent les esprits. La tâche la plus dure de toutes est de chasser Sedna, et c'est à l'enchanteur le plus puissant qu'elle est réservée. On dispose une corde en rond sur le plancher de la hutte, de façon à laisser au sommet une petite ouverture qui représente l'évent d'un phoque. Deux enchanteurs se tiennent tout près; l'un d'eux tient avec force un harpon, comme s'il surveillait un trou de phoques en hiver; l'autre tient une ligne où est attaché le harpon. Un troisième sorcier, accroupi au fond de la hutte, entonne une chanson magique pour attirer Sedna sur les lieux. On l'entend maintenant qui s'approche sous le sol de la hutte, avec une bruyante respiration; puis elle sort du trou; elle est harponnée, et se retire en hâte et en colère, entraînant le harpon avec elle, tandis que les deux hommes tirent de toutes leurs forces. La lutte est dure, mais enfin, par un effort désespéré, Sedna s'arrache, et retourne à sa demeure dans l'Adlivun. Quand on retire le harpon du trou, on trouve qu'il est souillé de sang; les enchanteurs l'exhibent fièrement comme une preuve de leur prouesse. On a enfin réussi à chasser Sedna et les autres mauvais esprits ; le lendemain, jeunes et vieux célèbrent une grande fête en l'honneur de l'évènement. Mais on doit rester sur ses gardes, car Sedna blessée est en furie et s'emparerait de celui qu'elle trouverait hors de la hutte ; aussi portent-ils tous des amulettes sur le haut de la tête, pour se protéger contre elle. Ces amulettes consistent en lambeaux des premiers vêtements qu'ils ont portés après leur naissance.

COMMENT ON ENFUME LES SORCIÈRES

La croyance au pouvoir et à l'activité malfaisante des sorcières et des magiciens semble avoir été, à l'époque préhistorique, aussi profondément enracinée dans l'esprit des païens du centre et du nord de l'Europe qu'elle l'est encore aujourd'hui chez les nègres de l'Afrique et les sauvages d'autres parties du monde. Si ces êtres impies ne quittaient guère nos pères, il y avait cependant des époques de l'année où on les supposait tout particulièrement malveillants, et où l'on prenait en conséquence des précautions spéciales contre eux. Ces époques étaient notamment les douze jours qui vont de

Noël à l'Epiphanie, la veille de la Saint-Georges, la veille du Premier Mai (nuit de Walpurgis), et la veille de la Saint-Jean.

Dans l'Europe Centrale, la nuit de Walpurgis, veille du premier mai, était en particulier la date où la puissance funeste de ces créatures nuisibles passait pour atteindre son apogée; il était donc tout naturel que les hommes fussent sur leurs gardes à cette époque, et que, non contents de rester simplement sur la défensive, ils aient courageusement porté la guerre chez l'ennemi, en attaquant et en chassant par la force la bande redoutée. Les armes dont ils se servaient dans ces rencontres farouches pour combattre leurs adversaires invisibles étaient, entre autres, l'eau bénite, les fumées de l'encens et d'autres combustibles, des bruits très forts de tous genres, surtout ceux produits par le choc d'instruments de métal et les carillons de cloches d'église. Certaines de ces mesures efficaces sont encore employées par les paysans, ou l'étaient jusqu'à ces dernières années, et il ne semble pas y avoir de raison pour que leur vertu magique ait été en rien affaiblie par le cours du temps. Dans le Tyrol, comme dans d'autres endroits, l'expulsion des puissances du mal qui a lieu à cette époque prend le nom de « Crémation des Sorcières. » Elle a lieu le premier mai, mais les préparatifs commencent plusieurs jours auparavant. Un jeudi, à minuit, on fait des fagots de brins de bois résineux, de cigüe tachetée de noir et de rouge, de romarin et de rameaux de prunellier. On les garde et, on les brûle le premier mai. Les trois derniers jours d'avril, on purifie toutes les maisons avec des fumigations de baies de genévrier et de rue. Le premier mai, quand l'angélus a tinté et que tombe le crépuscule, la cérémonie de « la Crémation des Sorcières » commence. Les hommes et les garçons font du tapage avec des fouets, des sonnailles, des pots et des casseroles; les femmes portent des encensoirs; on lâche les chiens et ils courent de tous côtés en aboyant et en jappant. Aussitôt que les cloches de l'église commencent à sonner, on met le feu aux fagots que l'on a attachés à des perches, et on enflamme l'encens. Puis on fait retentir toutes les sonnettes des maisons, on entrechoque les pots et les casseroles, les chiens aboient, tout le monde doit faire du bruit. Au milieu du tumulte, on crie à tue-tête :

> Sorcière, va-t-en, va
> Ou bien il t'en cuira.

Puis on fait sept fois le tour des maisons, des cours, et du village. La fumée des fagots et de l'encens chasse ainsi les sorcières de leurs cachettes et les expulse.

LE GÉNIE DE LA MER

Le fameux voyageur arabe Ibn Batutah reçut de plusieurs indigènes dignes de foi, dont il donne le nom, l'assurance que, lorsque le peuple des îles Maldives était idolâtre, chaque mois, un mauvais esprit apparaissait, qui venait de la mer sous la forme d'un bateau couvert de fanaux allumés. L'usage des habitants, aussitôt qu'ils l'apercevaient, était de prendre une jeune vierge, de la parer, et de la conduire à un temple païen qui s'élevait sur le rivage, et dont une fenêtre donnait sur la mer. Ils y laissaient la jeune fille pendant la nuit, et, en revenant le lendemain matin, ils la trouvaient morte. Chaque mois, ils tiraient au sort; celui qui était désigné abandonnait sa fille au Génie de la mer. Enfin vint un Berbère du nom d'Abu'lberecat, qui savait le Coran par cœur. Il habitait chez une vieille femme de l'île de Mahal. Un jour qu'il rendait visite à son hôtesse, il vit qu'elle avait rassemblé sa famille autour d'elle, et que les gens pleuraient comme à un enterrement. Il s'enquit de la cause de ces pleurs; on lui apprit que le sort avait désigné la vieille femme et qu'elle n'avait que cette fille, que le Génie allait mettre à mort. Abu'lberecat dit à la vieille dame : « J'irai ce soir à la place de ta fille. » Or il était absolument imberbe. La nuit venue, on l'emmena donc, et, quand il eut procédé à ses ablutions, on le mit dans le temple des idoles. Il commença à réciter le Coran ; le démon apparut alors à la fenêtre, mais l'autre continua ses oraisons. Dès que le Génie fut assez près pour entendre les saintes paroles, il disparut dans la mer. Quand le jour se leva, la vieille femme, sa famille et les habitants de l'île vinrent, selon l'usage, pour prendre le corps de la jeune fille et le brûler. Ils trouvèrent l'étranger qui répétait le Coran, et l'emmenèrent vers leur roi, Chenourazah, à qui il raconta son aventure. Le récit étonna fort le roi. Le Berbère conseilla au souverain d'embrasser la religion mahométane. Chenourazah répondit : « Reste avec nous jusqu'au mois prochain ; si tu fais ce que tu as fait et échappes au mauvais Génie, je me convertirai. » L'étranger resta avec les idolâtres, et Dieu prépara le cœur du roi à recevoir la vraie foi. Avant la fin du mois, il devint donc Musulman, lui, ses femmes, ses enfants et les gens de sa cour. Au début du mois suivant, on mena le Berbère au temple des idoles ; mais le démon n'apparut point, et le Berbère se mit à réciter le Coran jusqu'à l'aube. Le Sultan et ses sujets démolirent alors le temple et brisèrent les idoles. Le peuple de l'île embrassa la religion de l'Islam, et envoya des messagers aux autres îles, dont les habitants se convertirent également. Mais bien des îles Maldives s'étaient dépeuplées par le fait du démon, avant la conversion des habitants à l'Islamisme. Lorsqu'Ibn Batutah débarqua dans le pays, il ne savait rien de tout cela. Une nuit, comme il allait à ses affaires, il entendit tout à coup des gens qui disaient très haut. « Il n'y a d'autre Dieu que Dieu » et « Dieu est grand. » Il vit des enfants qui portaient sur leur tête des exemplaires du Coran, et des femmes qui frappaient sur des chaudrons et des ustensiles de cuivre. Tout surpris de ce qu'il voyait, il leur demanda : « Qu'est-il arrivé ? » Ils répondirent : « Ne vois-tu pas la mer ? » Il regarda vers la mer, et il aperçut dans l'obscurité comme un grand navire plein de lampes et de fanaux allumés. Ils lui dirent : « C'est le démon. C'est son habitude de se montrer une fois par mois ; mais quand nous avons fait ce que tu as vu, il s'en retourne chez lui et ne nous cause point de mal. »

TROISIÈME PARTIE

COUTUMES ÉTRANGES

La magie homéopathique possède, parmi ses grands avantages, celui de permettre des traitements curatifs sur la personne du guérisseur, au lieu et place du patient, lequel, exempt de toute gêne et de tout ennui, peut contempler son médecin qui se tord de douleur devant lui. Par exemple, les paysans du Perche se figurent que les vomissements prolongés sont déterminés par l'estomac « qui se décroche » et « tombe », suivant leur expression. On appelle donc le médecin pour qu'il remette l'organe d'aplomb. L'homme de l'art se fait décrire les symptômes du mal, puis il se livre lui-même aux plus atroces contorsions, dans le but de décrocher son propre estomac. Quand il a réussi, il entame une seconde série de contorsions et de grimaces. Et le malade éprouve en même temps un soulagement corrélatif. Coût : cinq francs.

Pareillement, un guérisseur Dayak, appelé chez un malade, se jette par terre et fait le mort; on le traite donc en cadavre, on l'enveloppe dans des nattes, on l'emporte au dehors, et on le dépose sur le sol. Au bout d'une bonne heure d'horloge, les autres guérisseurs font revenir à la vie leur collègue soi-disant défunt; et, à mesure que ce dernier recouvre ses sens, le malade recouvre la santé. Marcellus de Bordeaux, médecin attitré à la cour de Théodose I, prescrit un remède pour les tumeurs basé sur la magie homéopathique : Prendre une racine de verveine, la couper en deux parties, dont on passe l'une au cou du patient, et dont on expose l'autre à la fumée d'un âtre. A mesure que la verveine se dessèche à la fumée, la tumeur se dessèche et disparaît. Si le malade se montre peu reconnaissant, dans la suite, envers le brave docteur, ce dernier, grâce à son art, peut aisément se venger en plongeant la verveine dans de l'eau; à mesure que la verveine s'imbibe à nouveau, la tumeur reparaît. Le même docte auteur recommande aux gens affligés de boutons de guetter une étoile filante, et, pendant qu'elle tombe, de se frotter la figure avec un linge ou tout autre objet; à l'instant même où le bolide tombe du firmament, tombent également les boutons qui leur défiguraient le visage; mais qu'on évite de les toucher de la main, sinon l'affection se transmet à cette dernière.

Pour guérir la Jaunisse

Les anciens Indous accomplissaient une cérémonie compliquée, basée sur la magie homéopathique, pour guérir la jaunisse. Son principal objet était de rejeter la couleur jaune sur des êtres ou des objets jaunes par nature, tel le soleil, et de fournir au patient le teint vermeil de la santé, en l'empruntant à une vigoureuse source de vie, par exemple à un taureau rouge. Dans ce dessein, un prêtre prononçait la formule suivante : « Ton cœur souffrant et ta jaunisse iront trouver le soleil; nous t'enveloppons dans la couleur du taureau rouge; nous t'enveloppons de teintes rouges afin de te procurer longue vie. Que ton corps aille sain et sauf, délivré de toute couleur jaune ! Nous t'enveloppons de toute la force des vaches rousses, dont la divinité est Rohini. Nous déposons ta « jaunisse sur les perroquets, les grives, et, en outre, sur la bergeronnette jaune. » Tout en prononçant ces mots, le prêtre, afin de transfuser une teinte vermeille dans le teint have du patient, lui faisait avaler, à petites gorgées, un liquide auquel étaient mélangés des poils de taureau roux; il répandait de l'eau sur l'échine de l'animal, et c'était ce breuvage qu'il faisait prendre au patient. Il faisait asseoir le malade sur la peau d'un taureau roux, peau dont on attachait un lambeau au corps du malade. Puis, pour aviver encore le carmin, en extirpant radicalement le jaune, le guérisseur barbouillait le malade, des pieds à la tête, d'une bouillie jaune faite avec du safran. Cette opération s'accomplissait sur un lit, aux pieds duquel on attachait, par une ficelle jaune, trois oiseaux jaunes, à savoir : un perroquet, une grive et une bergeronnette ; le prêtre aspergeait d'eau le malade, le débarrassant ainsi de son enduit de bouillie jaune et aussi, à coup sûr, de sa jaunisse, qui passait aux oiseaux jaunes. Enfin, pour communiquer à son teint l'épanouissement suprême, le magicien prenait quelques poils à un taureau roux, les enveloppait dans des lamelles d'or, et les collait sur la peau de l'ictérique. Les anciens croyaient que si une personne affligée de jaunisse fixait du regard une bécasse de mer, et si l'oiseau lui rendait la pareille, le mal s'envolait. « Telle est la nature et la complexion de cet animal, dit Plutarque, qu'il attire et capte la maladie, qui s'échappe par un regard comme un torrent. » La vertu de la bécasse de mer était si connue des oiseleurs que, lorsqu'ils mettaient en vente un de ces oiseaux, ils le couvraient avec soin, de peur qu'un ictérique ne le fixât du regard, et ne gagnât ainsi sa guérison gratis. Ce pouvoir ne tenait pas tant, chez la bécasse, à la teinte marron de son plumage qu'à son gros œil doré ; cet œil, si on ne le prend pas pour une touffe de lichen jaune, est ce qui frappe tout d'abord le chercheur, tandis que l'oiseau se tapit, pour échapper aux regards, sur la surface sablonneuse, et jonchée de cailloux, du sol qu'il se plaît à hanter, où son plumage brunâtre se confond si bien avec la terre que seul un œil exercé l'y peut découvrir. C'est ainsi que l'œil jaune de l'oiseau servait à extraire le germe de la jaunisse. Pline, lui aussi, fait mention d'un oiseau, peut-être le même, que les Grecs avaient appelé du mot qui signifiait « jaunisse », parce que la seule vue du volatile faisait partir la jaunisse et la reportait sur l'animal qui, lui, en mourait. Il parle encore d'une pierre à laquelle on attribuait le pouvoir de guérir la jaunisse, parce que sa couleur rappelait la peau d'un ictérique. Dans la Grèce moderne, la jaunisse s'appelle la Maladie Dorée et on peut naturellement la guérir par l'or. Pour effectuer une guérison complète, voici ce que vous avez à faire : Prenez une pièce en or (de préférence un souverain anglais, puisque l'or anglais est le plus pur) et mettez-la dans du vin. Exposez le vin et l'or aux étoiles pendant trois nuits ;

buvez ensuite trois verres, chaque jour, du breuvage, jusqu'à ce qu'il n'en reste plus. Votre jaunisse aura alors entièrement disparu. Le remède est souverain au double sens du mot.

Pour guérir le mal aux Dents

A la pointe d'Olen Mor, près de Port-Charlotte, à Islay, en Écosse on peut voir une énorme roche; et on dit que quiconque enfonce un clou dans cette pierre sera désormais à l'abri du mal aux dents. Un fermier d'Islay raconta, il y a quelques années, à un passant, comment un étranger avait guéri sa grand'mère du mal aux dents en enfonçant un clou de fer-à-cheval dans le linteau de la porte de cuisine; il lui avait bien recommandé, en même temps, d'y laisser le clou, et, au cas où il viendrait à se détacher, de frapper légèrement pour l'enfoncer à nouveau. Elle ne souffrit plus jamais du mal aux dents. Dans le Brunswick, n'importe qui peut enfoncer son mal aux dents dans un mur ou dans un arbre, à son gré; l'un ou l'autre procédé guérit également bien la douleur. De même, en Beauce et en Perche, on parlait d'un guérisseur qui plaçait un clou neuf sur la dent d'un patient, puis enfonçait le clou dans une porte, une poutre, ou un madrier. La pratique est la même dans l'Afrique du Nord. On écrit sur le mur certaines lettres et certains chiffres arabes ; puis, tandis que le patient met son doigt sur la dent malade, on enfonce un clou, par un léger coup de marteau, dans la première lettre écrite sur le mur, en récitant en même temps un verset du Coran. On demande ensuite au patient si sa douleur s'est calmée ; s'il répond oui, on enlève entièrement le clou. Mais s'il dit non, on l'enlève seulement pour l'enfoncer dans la lettre suivante, et ainsi de suite, jusqu'à ce que la douleur disparaisse, ce qui ne manque pas d'arriver-tôt ou tard.

IMAGES MAGIQUES

Dans l'ancienne Babylonie, il était d'un usage courant de confectionner une image d'argile, de goudron, de miel, de graisse, ou de quelque autre matière molle, à la ressemblance d'un ennemi, puis de blesser ou de tuer cette effigie en la brûlant, en l'enterrant, ou en la maltraitant de quelque autre façon. C'est ainsi qu'on lit dans un hymne au dieu du feu Nusku :

« Ceux qui ont fait des images de moi, qui ont reproduit
    mes traits,
Qui m'ont enlevé mon souffle, qui ont déchiré mes cheveux,
Qui ont lacéré mes vêtements, qui ont empêché mes pieds
    de fouler la poussière,
Puisse le dieu du feu, le fort, rompre leur charme. »

Mais, et à Babylone et en Egypte, cet ancien
outil de la superstition, si nuisible entre les mains
des méchants et des malveillants, rendait de glo-
rieux services quand il s'agissait de confondre et de
détruire les démons. Dans une incantation baby-
lonienne, nous trouvons une longue liste de mauvais esprits dont le magicien brûla les effigies
dans l'espoir que, de même que leurs images
se fondaient dans le feu, ainsi les démons eux-
mêmes se fondraient et disparaîtraient. Chaque
nuit, lorsque le dieu du soleil, Ra, se retirait
dans sa demeure, dans l'occident enflammé, il
était assailli par des troupes de démons sous
la conduite de leur chef Apepi. Il passait la
nuit entière à lutter avec eux, et quelquefois,
de jour, les puissances des ténèbres envoyaient
des nuages jusque dans le bleu ciel d'Egypte
pour obscurcir sa lumière et affaiblir sa force.
Une cérémonie était tous les jours observée à
Thèbes pour aider le dieu du soleil dans cette
lutte quotidienne. On faisait une image en cire
de son ennemi Apepi, représenté sous la forme
d'un crocodile à la face effrayante ou d'un ser-

pent aux nombreux replis, et on y écrivait à l'encre verte le nom du démon. On enfermait ensuite l'effigie dans un étui en papyrus sur lequel on avait dessiné à l'encre verte une autre figure d'Apepi; on liait le tout avec des cheveux noirs, on crachait dessus, on déchiquetait la figure avec un couteau de pierre, et on la jetait sur le sol. Là, le prêtre la piétinait avec acharnement de son pied gauche; puis il la brûlait dans un feu allumé avec certaine plante ou certaine herbe. Le sort d'Apepi une fois réglé ainsi sommairement, on fabriquait et on brûlait de la même façon des effigies de chacun de ses principaux démons. On répétait le service, accompagné de la récitation de certaines incantations prescrites, non seulement le matin, à midi et le soir, mais toutes les fois qu'une tempête faisait rage, qu'une pluie abondante tombait, ou que des nuages noirs parcouraient le ciel pour cacher le disque éclatant du soleil. Les démons des ténèbres, des nuages, et de la pluie ressentaient les blessures subies par leurs images comme s'ils les avaient reçues eux-mêmes; ils disparaissaient, au moins pour un temps, et le dieu bienfaisant du soleil brillait à nouveau dans son éclat triomphant.

Vertu magique d'un chat aveugle et d'autres bêtes

Quand un Slavon de mauvaise foi veut voler et exploiter ses clients au marché, il n'a qu'à brûler un chat borgne et à jeter sur l'individu une pincée de ses cendres, c'est-à-dire à jeter de la poudre aux yeux de celui avec qui il traite ; celui-ci n'y verra que du feu et le fripon pourra prendre impunément tout ce qu'il voudra à l'étalage, vu que le gobe-mouches passe pour aussi mort que le chat dont la cendre l'a aspergé. Le fraudeur peut même s'amuser à demander : « Vous ai-je payé ? » Le vendeur dupé répondra : « Mais oui, bien sûr ». L'indigène du centre de l'Australie est tout aussi habile ; s'il veut cultiver une barbe fournie, il se piquera le menton avec un os pointu, puis il aura soin de se caresser les poils avec un bâton, ou une pierre magique qui représente un rat à longues moustaches ; la transition est aisée ; la vertu capillaire passe des moustaches du rongeur au bâton ou à la pierre et, de là, au menton de l'Australien qui pourra donc exhiber une belle barbe drue. Lorsqu'une troupe de ces mêmes indigènes revient de tuer un ennemi, et craint de voir son sommeil attaqué par le fantôme de la victime, chacun d'eux prend soin de porter dans ses cheveux le bout de la queue d'un kangourou-lapin. Pourquoi? Parce que cet animal ne dort point la nuit; un homme qui porte le bout de sa queue dans les cheveux restera donc sûrement éveillé pendant les heures nocturnes. Les membres de la tribu Unmatjera, dans le centre de l'Australie, emploient le bout de la queue du même animal pour arriver au même but, mais ils vont plus loin encore dans cette voie. Chez eux, lorsqu'un jeune garçon a subi une opération et mène une vie solitaire dans la brousse, ce n'est pas lui, mais sa mère, qui porte le bout de la queue de l'animal nocturne, afin que son fils reste éveillé la nuit et cela de peur que les serpents et autres bêtes dangereuses ne lui fassent du mal. Dans la Grèce antique, on s'imaginait que manger de la chair de rossignol, l'oiseau qui passe la nuit sans dormir, causait une insomnie complète; que des yeux chassieux acquéraient une vue d'aigle si on en frottait les paupières avec le fiel de ce rapace; que pour rendre à une tête chenue la noirceur du corbeau, il suffisait de la frictionner avec des œufs de ce volatile. Seulement, il fallait prendre une importante précaution durant l'application de cette omelette sur les mèches vénérables : se remplir la bouche d'huile, sinon les dents du vieillard seraient également teintes en un noir qui résisterait à tous les récurages du monde. Le régénérateur des cheveux était un tantinet trop efficace, et on risquait, en l'appliquant, d'en avoir plus que pour son argent.

Les Indiens Huichols du Mexique admirent fort les beaux dessins qui se jouent sur le dos des serpents. Lorsqu'une femme de leur tribu se dispose à broder ou à tisser une étoffe, son mari, s'étant rendu maître d'un gros serpent, le tient en l'air, dans un bâton fourchu; la brodeuse pendant ce temps promène sa main sur toute la longueur du dos de l'animal; puis elle se la passe sur le front et les yeux, afin de pouvoir reproduire sur sa toile une ornementation aussi magnifique que celle du dos du reptile.

VÊTEMENTS DE LONGÉVITÉ

Pour s'assurer une longue vie, les Chinois ont recours à certains charmes compliqués, qui concentrent en eux l'essence magique émanant des époques et des saisons, des personnes et des choses. Les intermédiaires employés pour transmettre ces heureuses influences ne sont autres que les vêtements de la tombe. Beaucoup de Chinois se procurent ces vêtements de leur vivant;

et ils les font souvent couper et coudre par une jeune fille non mariée ou une très jeune femme ; car ils calculent fort sagement que, si une telle personne a sans doute encore bien des années à vivre, une partie de sa capacité de vie passera sûrement dans les vêtements, et écartera ainsi la date où ils rempliront leur funèbre emploi. On fait, en outre, de préférence, ces vêtements pendant une année qui a un mois intercalaire ; pour l'esprit d'un Chinois, il est en effet bien évident que des vêtements faits dans une année exceptionnellement longue possèderont le pouvoir de prolonger la vie tout aussi exceptionnellement. Parmi ces vêtements, il est en particulier une robe qu'on s'efforce d'imprégner plus que toutes les autres de cette précieuse qualité. Elle est très longue, en soie, et d'un bleu très foncé, et porte le mot « longévité » brodé en fils d'or. Offrir à un père ou une mère âgé un de ces coûteux et splendides manteaux, appelés « vêtements de longévité », est considéré par les Chinois comme un acte de piété filiale et une marque de délicate attention. Le but du vêtement étant de prolonger la vie de son propriétaire, celui-ci le porte souvent, et surtout les jours de fête, pour permettre à l'influence de longévité, que créent les nombreuses lettres d'or dont il est émaillé, de remplir tout leur office sur sa personne. Il ne manque surtout jamais de le revêtir le jour de son anniversaire, car, en Chine, le sens commun conseille aux gens d'emmagasiner une grande provision d'énergie vitale le jour de leur anniversaire, provision qu'ils dépenseront pendant le reste de l'année sous la forme de santé et de vigueur. Paré du somptueux vêtement, et absorbant par tous les pores sa bienfaisante influence, l'heureux possesseur reçoit complaisamment les félicitations de ses amis et connaissances, qui expriment chaudement leur admiration pour ces magnifiques robes funéraires et pour la pitié filiale qui a poussé les enfants à offrir à l'auteur de leurs jours un présent à la fois si splendide et si utile.

COMMENT ON FAIT TOMBER LA PLUIE EN CHINE

Les Chinois savent pratiquer l'art de prendre d'assaut le royaume des cieux. Quand ils ont besoin de la pluie, ils fabriquent un énorme dragon en papier ou en bois pour représenter le dieu de la pluie, et le portent en procession. Si le dieu n'accorde pas la pluie, on le menacera et on le battra ; parfois on le déposera publiquement de son rang divin. Par contre, si la pluie désirée vient à tomber, le dieu peut y gagner, par décret impérial, une promotion en grade. On raconte que sous le règne de Kia-King, le cinquième empereur de la dynastie mandchoue, une longue sécheresse désola plusieurs provinces du nord de la Chine. Les processions étaient vaines; le dragon de la pluie avait endurci son cœur et refusait de laisser tomber une seule goutte. L'empereur, à la fin, perdit patience, et condamna la divinité récalcitrante à être à jamais exilée sur les rives du fleuve Illi dans la province de Torgot. Le décret s'exécutait : le criminel divin, avec une touchante résignation, traversait déjà les déserts de Tartarie pour purger sa peine aux confins du Turkestan, quand les juges de la Haute-Cour de Pékin, pris de compassion, se jetèrent aux pieds du souverain et implorèrent le pardon du pauvre diable. L'empereur consentit à revenir sur son arrêt, et un messager partit au grand galop pour porter la nouvelle aux exécuteurs de la justice impériale. Le dragon fut réinstallé dans ses fonctions, à la condition qu'il remplirait un peu mieux son rôle à l'avenir.

Vers l'année 1710, la sécheresse dévasta l'île de Tsong-Ming, dans la province de Nanking. Le vice-roi de la province, quand il eut tenté en vain d'amollir le cœur de la divinité locale par les moyens ordinaires, en brûlant de l'encens, fit dire à l'idole que, si la pluie ne tombait pas tel ou tel jour, il la chasserait de la ville et ferait raser son temple. La menace resta sans effet sur l'impitoyable divinité ; le jour fixé arriva et s'écoula, et nulle pluie ne tombait. Le vice-roi, indigné, défendit alors au peuple de porter d'autres offrandes au sanctuaire de cette insensible déité ; il ordonna de fermer le temple et d'en sceller les portes. Ceci produisit bientôt l'effet désiré. L'idole, voyant ses bases de ravitaillement coupées, n'avait plus qu'à se rendre sans conditions. La pluie tomba deux jours après, et le dieu fut ainsi rendu à l'affection des fidèles. Dans certaines parties de la Chine, les mandarins se procurent la pluie ou le beau temps en fermant les portes du sud ou du nord de la ville. Car le vent du sud amène la sécheresse et le vent du nord des averses ; par conséquent, en fermant la porte du nord et en ouvrant celle du sud, on chasse les nuages et on laisse entrer le soleil et la chaleur régénératrice. En avril 1888, les mandarins de Canton prièrent le dieu Lung-Wong d'arrêter l'incessante chute de pluie ; la divinité fit la sourde oreille ; on la mit au cachot pendant cinq jours. Cette punition eut un effet salutaire. La pluie s'arrêta et le dieu fut relâché. Quelques années auparavant, pendant une saison

de sécheresse, cette même divinité avait été
enchaînée et exposée à l'ardeur du soleil des
jours entiers, dans la cour de son propre temple,
afin qu'elle apprît par elle-même combien le
besoin de pluie était impérieux et urgent. Les
Siamois, quand le besoin de pluie se fait sentir,
soumettent également leurs idoles à l'ardeur
d'un soleil brûlant; si, par contre, c'est un temps
sec qu'ils désirent, ils enlèvent la toiture de leurs
temples, afin que la pluie trempe à fond les
images. C'est, pensent-ils, en soumettant ainsi
les dieux aux rigueurs du temps qu'on les amène
à exaucer les vœux de leurs adorateurs. Quand
une sécheresse prolongée a compromis la récolte
de riz, le gouverneur de Battambang, province
du Siam, se rend en grande pompe à une certaine pagode et prie Bouddha d'accorder la
pluie. Puis, accompagné de sa suite et suivi
d'une foule énorme, il se retire dans une plaine
située derrière la pagode. Il y trouve un mannequin qu'on a revêtu de parures éclatantes et
qu'on a placé au milieu de la plaine. Une musique
aux accents désordonnés se met à jouer; rendus
fous par le bruit assourdissant des tambours,
des cymbales et des pétards et piqués par les
aiguillons de leurs conducteurs, les éléphants
chargent le mannequin et le mettent en pièces.
Après cela, Bouddha accordera bientôt la pluie.

PROCÉDÉS MAGIQUES POUR ATTACHER LES VENTS

Sous le règne de Constantin, un certain Sopater fut mis à mort à Constantinople pour avoir attaché les vents par magie; la populace de Byzance affamée, attendait en vain les vaisseaux chargés de blé qui devaient arriver d'Egypte et de Syrie, et que soit l'accalmie, soit l'ouragan, retenait au loin. Un charme très ancien destiné à empêcher les tempêtes de causer des dommages aux récoltes consistait à enterrer un crapaud dans un vase en terre neuf, au milieu d'un champ. En Finlande, les sorciers vendaient communément un vent favorable aux matelots retenus par un temps contraire ; on enfermait le vent dans trois nœuds: le premier nœud, si on le dénouait, faisait naître le vent arrière; le second, le vent largue; quand au troisième, dès qu'on l'avait défait, il déchaînait la rafale. Les Esthoniens, que seul un bras de mer sépare de la Finlande, ont encore aujourd'hui foi aux pouvoirs magiques de leurs voisins du nord. Les fortes bourrasques printanières, qui soufflent du nord et du nord-est, apportent avec elles les fièvres et les rhumatismes dans les provinces baltiques; les paysans de la région attribuent ces maux aux machinations des sorciers et des sorcières de Finlande. Il y a en particulier trois jours, appelés jours de la croix, que ces bonnes gens passent dans les transes; l'une des dates fatales tombe la veille de l'Ascension, et l'on se garde bien alors de sortir de chez soi, de peur que les vents cruels, qui soufflent de Laponie, ne vous frappent de mort. Une chanson populaire esthonienne dit :

« Vent de la Croix ! puissant et rapide !
Dur est le coup de tes ailes déployées !
Vent farouche et lugubre d'épreuves et de détresse,
Tu portes les sorciers de Finlande dans ton souffle destruc-
    teur.

Après un voyage au long cours, l'équipage rencontre parfois vent debout dans le Golfe de Finlande et les marins voient souvent, à l'arrière, un étrange navire qui les gagne de vitesse; toutes voiles déployées, bonnettes ajoutées, ce bâtiment donne surface à la brise; il cingle à travers les hautes vagues dont il fait rejaillir la blanche écume sur l'étrave; la voilure se gonfle jusqu'à éclater; les cordages se tendent à craquer; alors les marins se chuchotent à l'oreille : « C'est de Finlande, pour sûr, que vient le mystérieux vaisseau. »

L'art d'attacher le vent en trois nœuds, de sorte que plus on détache de nœuds, plus le vent prend de violence, a été prêté aux magiciens de Laponie et aux sorcières des Shetland, de Lewis et de l'île de Man. Les marins des Shetland achètent encore les vents sous forme de mouchoirs ou de fils noués à de vieilles femmes qui prétendent diriger les tempêtes. On raconte qu'il y a des vieilles commères, à Lerwick, qui, encore aujourd'hui, vivent de la vente du vent. Au début du dix-neuvième siècle, Walter Scott alla voir une de ces bonnes femmes à Stromness dans les Orcades. Il écrit à ce sujet : « Nous gravîmes, par des sentiers escarpés et sales, une hauteur qui domine la ville et d'où l'on découvre un panorama magnifique. Une vieille mégère habite là, dans une misérable hutte, et vit de la vente des vents. Tous les capitaines des navires marchands donnent, moitié pour rire, moitié sérieusement, dix sous à la vieille femme, et elle fait bouillir son chaudron pour leur procurer une brise favorable. Son aspect était lamentable ; elle avait plus de quatre-vingt-dix ans, nous dit-elle, et était toute desséchée comme une momie. Une sorte de manteau couleur de glaise, replié sur sa tête, répondait à la couleur cadavérique de son teint. De beaux yeux bleu-clair, un menton et un nez qui se rejoignaient presque, et une effrayante expression de ruse, la faisaient ressembler tout à fait à Hécate. » Une sorcière norvégienne se faisait fort de faire sombrer un navire en ouvrant un sac dans lequel elle avait enfermé le vent. Ulysse reçut les vents d'Eole, leur roi, dans un sac en cuir. Les Motumotus de la Nouvelle-Guinée croient que les tempêtes sont envoyées par un sorcier Oiabu ; il a pour chasse-vent un bambou qu'il ouvre à son gré. Au sommet du mont Agu, au Togo, dans l'Afrique Occidentale, réside un fétiche appelé Bagba, qui passe pour exercer un pouvoir sur le vent et la pluie. On dit que son prêtre garde les vents enfermés dans de grands pots.

Le vent d'orage est souvent regardé comme un mauvais génie que l'on peut intimider, chasser ou tuer. Quand le ciel, s'assombrissant, semble indiquer l'approche d'un cyclone, un magicien de l'Afrique du Sud se rend sur une hauteur, où il rassemble autant de gens qu'il peut en appeler à son aide en toute hâte. Il les fait crier et mugir pour imiter la bourrasque qui tourne en rugissant autour des huttes et parmi les arbres de la forêt. A un signal donné, ils imitent le craquement de la foudre ; un silence de mort pendant quelques secondes, puis un cri aigu plus perçant et plus prolongé que tous les précédents, qui se termine en une plainte frémissante. Le magicien emplit sa bouche d'un liquide impur qu'il lance en jets de défi contre la tempête qui s'approche, en guise de menace à l'esprit du vent; les cris et les gémissements des assistants cherchent à effaroucher l'esprit et à le mettre en fuite. Ces explosions durent jusqu'à ce que l'orage éclate ou prenne une autre direction. S'il éclate, c'est que le magicien qui a envoyé l'orage aura été plus puissant que celui qui a essayé de l'écarter. Quand les tempêtes et le mauvais temps ont assez duré, et que les provisions se font rares, les Esquimaux du Centre s'efforcent de conjurer la tempête en confectionnant un long fouet d'algues dont ils s'arment pour descendre vers la plage et qu'ils font claquer dans la direction du vent en criant : « *Taba* (c'est assez) ! » Une fois que les vents du nord-ouest avaient conservé pendant longtemps la glace sur le rivage et que les aliments devenaient rares, les Esquimaux accomplirent une cérémonie pour les calmer. On alluma un feu sur la côte, et les hommes se rassemblèrent autour et chantèrent. Un vieillard s'avança alors vers le feu et, d'une voix cajolante, invita le démon du vent à venir se chauffer près du feu. Quand on supposa qu'il était arrivé, un vieillard lança dans les flammes un vase d'eau que chacun des hommes présents avait contribué à remplir, et immédiatement une volée de flèches s'abattit sur l'emplacement du feu. On croyait que le démon ne resterait pas là où il avait été si maltraité. Pour achever l'effet, on tira des coups de fusil dans toutes les directions, et on invita le capitaine d'un vaisseau européen à décharger son canon sur le vent. Le 21 février 1883, les Esquimaux de Point-Barrow, dans l'Alaska, observèrent une cérémonie analogue, dans l'intention de tuer l'esprit du vent. Les femmes chassèrent le démon hors de leur maison à l'aide de massues et de couteaux, qu'elles brandissaient, et les hommes, rassemblés autour d'un feu, tirèrent sur lui avec leurs fusils et l'écrasèrent sous une lourde pierre au moment où un nuage de vapeur s'éleva des cendres fumantes, sur lesquelles on venait juste de lancer un tonneau d'eau.

Dans l'Inde ancienne, le prêtre avait mission d'aller faire face aux orages, armé jusqu'aux dents d'une massue, d'une épée et d'un tison; il chantait en même temps un chant magique. Pendant un ouragan effroyable, on entendit, toute la nuit, battre les tambours de Kadouma, près du lac Victoria-Nyanza. Un missionnaire voulut, le lendemain matin, en savoir la raison; le bruit du tambour, lui répondit-on, est un charme contre les tempêtes. Les Dayaks de la Côte et les Kayans de Bornéo frappent sur des cloches quand une tempête fait rage; mais les Dayaks, et peut-être aussi les Kayans, ne veulent pas tant, par là, effrayer et chasser l'esprit de la tempête que l'informer du lieu où ils se trouvent, pour qu'il n'aille point, par inadvertance, abattre leur maison. Ce bruit lointain des tams-tams, qui, la nuit, domine les mugissements de la tempête, produit un effet étrange et mystérieux ; parfois, avant qu'on puisse le distinguer du vent et de la pluie, ce bruit d'airain jette l'inquiétude dans un village voisin ; on éteint toutes les lumières, on met les femmes en lieu sûr, et les hommes courent prendre les armes pour résister à une attaque. Puis, quand le vent se calme un moment, on reconnait l'origine du bruit, et l'inquiétude s'apaise.

Par de calmes journées d'été, dans les Highlands d'Ecosse, on voit quelquefois passer des bourrasques, qui roulent dans leurs tourbillons de la poussière et de la paille, alors que nul autre souffle n'agite l'air. Les habitants croient qu'il y a dans ces rafales des fées qui emportent les hommes, les femmes, les enfants et les animaux ; ils jettent sur ces tourbillons de vent le soulier de leur pied gauche, ou leur chapeau, ou un couteau, ou de la terre provenant d'une taupinière pour faire abandonner aux fées leur butin. Lorsqu'une bourrasque soulève le foin dans les prés, le paysan breton lance sur le vent un couteau ou une fourche pour empêcher le diable d'emporter le foin. De même, dans l'île esthonienne d'Oesel, lorsque les moissonneurs sont au travail et que le vent emporte les épis qu'ils n'ont pas encore liés en gerbes, ils jettent leurs faucilles sur les tourbillons. Les paysans allemands, slaves et esthoniens observent également cet usage de lancer un couteau ou un chapeau sur les tourbillons de vent; ils croient qu'une sorcière ou un sorcier chevauche la tempête; si le couteau atteint la sorcière, il sera rougi par son sang ou il disparaîtra entièrement, pour rester dans la blessure qu'il aura infligée. Des paysans esthoniens courent quelquefois, avec de grands cris perçants, derrière un tourbillon de vent, et lancent des bâtons et des pierres dans la poussière qui vole. Les Indiens Lenguas du Gran Chaco attribuent le tourbillon de vent au passage d'un esprit, et ils lancent des bâtons comme pour l'effrayer et le mettre en fuite. Quand le vent souffle sur leurs huttes, les Payaguas de l'Amérique du Sud saisissent des tisons allumés et courent contre le vent, en le menaçant avec leurs tisons, tandis que d'autres battent l'air à coups de poing pour effrayer la tempête. Lorsque les Guaycurus sont menacés d'un orage rigoureux, les hommes sortent armés, et femmes et enfants crient à pleins poumons pour intimider le démon. Pendant une tempête, on a vu les habitants d'un village Batak, à Sumatra, se précipiter hors de chez eux armés d'épées et de lances. Le rajah se plaça à leur tête, et, avec force cris et hurlements, ils déchiquetèrent et taillèrent en pièces l'invisible ennemi. On remarqua une vieille femme qui était tout particulièrement occupée à la défense de sa maison, et fendait l'air en tous sens avec un long sabre. Pendant un violent orage où le tonnerre grondant paraissait tout proche, on a vu les Kayans de Bornéo faire mine de tirer leurs épées du fourreau avec un geste menaçant, comme pour effaroucher les démons de la tempête. Les indigènes d'Australie croient que les énormes colonnes de sable rouge, qui passent rapidement à travers le désert, sont des esprits. Une fois, un noir, jeune athlète, courut après l'une de ces colonnes mouvantes pour la tuer avec un boomerang. Il resta absent deux ou trois heures, et revint très las, en disant qu'il avait tué Koochee (le démon), mais que Koochee avait grondé après lui et qu'il devait mourir. On dit des Bédouins de l'Afrique Orientale « qu'aucun tourbillon ne passe jamais sur un chemin sans être poursuivi par une douzaine de sauvages brandissant des criss, qui coupent en deux la colonne de poussière, pour chasser le mauvais esprit qui, croit-on, chevauche dans le vent. »

A la lumière de ces exemples, une histoire d'Hérodote, que ses critiques modernes ont traitée comme une fable, paraîtra parfaitement croyable. Il dit, sans cependant garantir l'exactitude de ses dires, qu'une fois, dans le pays des Psylles, la Tripolitaine moderne, le vent soufflant du Sahara avait mis à sec tous les réservoirs d'eau. Les gens tinrent conseil puis s'avancèrent en troupe pour faire la guerre au vent du sud. Mais, quand ils entrèrent dans le désert, le terrible Simoun s'abattit sur eux et les enterra comme un seul homme. Il se peut très bien que l'histoire ait été racontée par quelqu'un qui les avait vu disparaître, en ordre de bataille, tambours et cymbales battants, dans le nuage tourbillonnant de sable rouge.

PRÉCAUTIONS CONTRE LA SORCELLERIE

Les arbres, les buissons et les rameaux de mai paraissent exercer réellement une influence protectrice ; ils ne remplissent pas les mamelles de la vache, mais empêchent les sorcières, qui parcourent l'air à cheval sur des fourches ou des manches à balai la veille du premier mai de leur dérober le lait qu'elles contiennent. Aussi le prudent berger doit-il prendre de nombreuses précautions pour protéger ses animaux, lors de cette fameuse nuit de Walpurgis, contre les expéditions de ces funestes créatures. C'est ainsi que, le matin du premier mai, les Irlandais répandent des primevères sur le seuil, gardent sur le feu un fer rouge, ou suspendent au-dessus de leur porte des branches entrelacées d'aubépine ou de sorbier. Pour sauver leur lait, ils coupent des branches de sorbier, en enlèvent l'écorce, et les attachent autour des seaux à lait et de la baratte. Selon un auteur du seizième siècle, dont Camden cite la description, les Irlandais « considèrent comme sorcière toute femme qui va chercher du feu le premier mai; ils n'en donnent qu'à une personne malade, et encore avec une imprécation, car ils croient qu'elle dérobera tout le beurre l'été suivant. Le premier mai, ils tuent tous les lièvres qu'ils trouvent parmi leur bétail; ils supposent que ces rongeurs ne sont que des vieilles femmes qui ont des visées sur leur beurre. Ils croient que le beurre ainsi volé peut être recouvré s'ils prennent un peu du chaume qui pend au-dessus de la porte et le brûlent. » Dans le nord-est de l'Ecosse, il était d'usage de placer du sorbier et du chèvrefeuille, ou du sorbier

seul, au-dessus des portes des étables, le premier
mai, pour protéger les vaches contre les sorcières; un moyen encore plus efficace consistait
à attacher une croix en bois de sorbier par
un fil écarlate à la queue de chaque animal. Les
habitants des Highlands d'Ecosse croient que
le soir de Beltane, c'est-à-dire la veille du premier
mai, les sorcières vagabondent, sous la forme
de lièvres, et sucent le lait des vaches. Pour se
garder contre leurs déprédations, on mettait du
goudron derrière les oreilles des bêtes et à la racine des poils de leur queue, et on suspendait des
rameaux de sorbier dans la maison. Pour la même
raison les habitants des Highlands disent que
la cheville d'une entrave à vaches et la poignée et la barre de la batte à beurre doivent toujours être faites de sorbier, bois qui constitue le
charme le plus puissant contre tous les sortilèges.
Dans l'île de Man, le premier mai, les gens
portaient des croix de sorbier à leur chapeau
et fixaient des fleurs d'aubépine au-dessus de
leur porte comme protection contre les elfes
et les sorcières; ils attachaient aussi, dans la
même intention, des croix de sorbier à la queue
du bétail. Les femmes se lavaient la figure dans
la rosée, de très bonne heure le matin du premier
mai, pour avoir de la chance, un teint plus beau,
et pour se mettre à l'abri des sorcières. L'aube

de ce matin-là était en outre le signal que l'on attendait pour mettre le feu à la bruyère; ceci avait pour but de brûler les sorcières, qui aiment à revêtir la forme de lièvres. En certains endroits, même, comme dans la paroisse de Lezayre, c'était la coutume de brûler des ajoncs dans les haies de tous les champs pour chasser les sorcières, que l'on redoute encore dans l'île de Man. En Norvège et au Danemark, on se sert de même de branches de sorbier pour protéger les maisons et les étables contre les sorcières, la nuit de Walpurgis; là aussi, on croit que la batte à beurre doit être en bois de sorbier. En Allemagne, un moyen courant d'éloigner les sorcières du bétail, la nuit de Walpurgis, est de tracer trois croix à la craie sur l'étable. Des branches de bourdaine, fixées sur des tas de fumier la veille du premier mai, produisent le même résultat. En Silésie, nombreuses et variées sont les précautions que l'on prend à cette date fatidique contre les sorcières: on cloue par exemple des morceaux de bourdaine en croix sur la porte de l'étable; on place devant les portes des fourches et des herses renversées, les dents en l'air; on apporte devant le seuil une motte de terre fraîche provenant d'un pré, avec le gazon qui la recouvre, et on la jonche de soucis des marais. Avant de pouvoir franchir le

seuil, les sorcières auront à compter tous les brins
d'herbe et tous les pétales de soucis; pendant
qu'elles se livrent à ce travail, le jour poind, et
leur pouvoir s'évanouit. C'est pour la même
raison que l'on dresse de petits bouleaux aux
portes des maisons : les sorcières ne peuvent
entrer qu'après en avoir compté toutes les feuilles; avant qu'elles aient fini leur addition, il fait
grand jour et elles doivent fuir avec les ténèbres.
La nuit de Walpurgis, les Allemands de Moravie
placent des couteaux sous le seuil de l'étable et
des branches de bouleau à la porte et sur les
tas de fumiers pour éloigner les sorcières des
vaches. Dans le même but, les Bohémiens, à
cette date, mettent des branches de groseillers,
d'aubépines, et d'églantiers au seuil des étables;
les épines arrêtent les sorcières, qui ne peuvent
passer outre. Nous voyons maintenant pourquoi
les arbres et les buissons épineux servent de
protection contre les sortilèges; ils jouent le rôle
de haies piquantes que les sorcières sont inca-
pables de franchir.

Mariage du Basilic Sacré

Le basilic sacré est un petit arbuste qu'on
peut faire pousser dans un grand pot de fleurs,

et que l'on place souvent dans les appartements. Il n'est guère de famille indoue qui se respecte qui n'en possède. Malgré son humble apparence, cette plante est tout imbue de l'essence de Vishnou et de sa femme Lakshmi; on l'adore même tous les jours comme une divinité. C'est une divinité surtout pour les femmes, qui la regardent comme l'incarnation de la femme de Vishnou, Lakshmi, ou de la femme de Rama, Sita, ou de la femme de Krishna, Rukmini. Les femmes célèbrent son culte en tournant autour de la plante, en lui adressant des prières, et en lui offrant des fleurs ou du riz. Or cette plante sacrée, incarnation de la déesse, est mariée chaque année au dieu Krishna dans chaque famille indoue. La cérémonie a lieu au mois de novembre. Dans l'Inde Occidentale, on apporte souvent une idole du jeune Krishna, dans un somptueux palanquin et suivi d'un long cortège de serviteurs, à la maison d'un homme riche pour la marier au basilic; les fêtes se célèbrent en grande pompe. On marie aussi le basilic sacré, en qualité d'incarnation de la femme de Vishnou, à la *Salagrama*, ammonite fossile noire que l'on regarde comme la personnification de Vishnou. Dans le nord-ouest de l'Inde, il faut célébrer ce mariage de la plante et du fossile pour avoir le droit de goûter aux fruits d'un nouveau verger. Un homme, qui tient le fossile, joue le rôle du marié ; un autre, qui tient le basilic, représente la mariée. Après avoir allumé le feu du sacrifice, le Brahmane qui officie pose au couple qu'il va unir les questions habituelles. Marié et mariée font six fois le tour d'un petit emplacement marqué au centre du verger. Nul puits n'est censé bienfaisant avant que la *Salagrama* ait été solennellement mariée au basilic sacré, qui représente le jardin que le puits doit arroser. Les parents se réunissent ; le propriétaire du jardin joue le rôle du marié, tandis qu'un parent de sa femme personnifie la mariée. On offre des présents aux brahmanes, on célèbre une fête dans le jardin ; dès lors, jardin et puits peuvent être utilisés sans danger. Le rajah d'Orchha à Ludhaura célèbre chaque année le mariage du fossile sacré et de la plante sacrée. Un ancien rajah avait coutume de dépenser pour la cérémonie une somme équivalente à trente mille livres sterling, le quart de son revenu. On dit qu'une fois plus de cent mille personnes assistèrent à la fête et se régalèrent aux frais du rajah. La procession comprenait huit éléphants, douze cents chameaux, et quatre mille chevaux, tous montés et élégamment caparaçonnés. L'éléphant qui était décoré le plus somptueusement porta le dieu fossile quand il rendit visite, le jour de ses noces, au petit arbuste qui représentait la déesse. On observe en une pareille occasion tous les rites d'un mariage ordinaire, et on laisse ensuite dans le temple, jusqu'à l'année suivante, le couple nouvellement uni.

MENACES AUX ESPRITS DES ARBRES

Les esprits de la végétation ne sont pas toujours traités avec déférence et respect. Si les belles paroles et les amabilités ne les touchent point, on a quelquefois recours à des mesures plus violentes. Le durian des Indes Orientales, dont le tronc lisse s'élance à une hauteur de 25 à 30 mètres sans aucune branche, produit un fruit du goût le plus délicieux et de la puanteur la plus dégoûtante. Les Malais cultivent l'arbre pour son fruit, et on en a vu avoir recours à une étrange cérémonie pour stimuler sa fertilité. Près de Jugra, à Sélangor, il y a un petit bois de durians et, un certain jour spécialement choisi, les habitants du village s'y rassemblaient. L'un des sorciers du pays prenait alors une petite hache et frappait adroitement plusieurs coups sur le tronc de l'arbre le plus stérile, en disant : « Veux-tu maintenant, oui ou non, porter des fruits? Si tu ne veux pas, je t'abattrai. » A quoi l'arbre répondait, par la bouche d'un autre homme qui était juché sur un mangoustan tout proche (il est impossible de monter sur le durian) : « Oui, je veux bien maintenant porter des fruits; je te prie de ne pas m'abattre. » De même au Japon, pour rendre un arbre fertile, deux hommes se rendent dans un verger. L'un d'eux grimpe sur l'arbre et l'autre se tient au pied avec une hache. L'homme qui tient la hache demande à l'arbre s'il veut produire une bonne récolte l'année suivante, et menace de l'abattre s'il refuse. A quoi celui qui est dans les branches répond, de la part de l'arbre, qu'il portera des fruits en abondance. Quelque étrange que puisse nous paraître ce mode d'horticulture, il a ses applications en Europe. La veille de Noël, plus d'un paysan, chez les Slaves du sud et les Bulgares, brandit une hache, d'un air menaçant, devant un arbre improductif, tandis qu'un autre individu, debout à côté, intercède en faveur de l'arbre menacé en disant : « Ne le coupe pas, il portera bientôt des fruits. » Trois fois la hache se lève, et trois fois le coup menaçant est arrêté par les prières de l'intercesseur. Après avoir été effrayé de la sorte, l'arbre portera sûrement des fruits l'année suivante. De même, dans le village d'Ucria en Sicile, si un arbre refuse obstinément de porter des fruits, son propriétaire fait semblant de l'abattre. Au moment précis où va tomber la hache, un ami intercède en faveur de l'arbre, supplie l'homme de patienter encore une année; si le coupable ne s'est pas corrigé d'ici là, il n'interviendra plus, il le promet. Le propriétaire lui accorde ce qu'il demande, et les Siciliens prétendent qu'un arbre reste rarement sourd à pareille menace. Là, c'est le samedi de Pâques que se célèbre cette cérémonie. Dans les Abruzzes, elle a lieu le jour de la Saint-Jean, avant le lever du soleil. Le paysan adresse des menaces aux arbres qui sont lents à porter des fruits. Il fait par trois fois le tour de ces paresseux, réitère sa menace et frappe le tronc de sa hache. A Lesbos, lorsqu'un oranger ou un citronnier ne produit pas de fruits, son propriétaire place parfois un miroir devant l'arbre; il se met debout, une hache à la main, contre l'arbre, et regarde son image réfléchie dans le miroir; il feint alors d'entrer en colère et s'écrie tout haut : « Porte des fruits, ou je t'abattrai. » Quand les choux se contentent de friser leurs feuilles au lieu de pommer, comme de juste, le paysan esthonien se rend à l'aube dans le jardin, revêtu de sa seule chemise et armé d'une faux, qu'il brandit au-dessus des légumes réfractaires comme pour les faucher. Les choux, intimidés, sont ainsi ramenés à un sentiment plus convenable de leurs devoirs.

______

Thym sauvage, Fleurs de Sureau et Fougère

En Bohême, les braconniers s'imaginent qu'ils peuvent se rendre invulnérables en avalant les graines d'une pomme de pin qu'ils ont trouvée, poussant verticalement, avant le lever du soleil, le matin de la Saint-Jean. On emploie aussi, en Bohême, le thym sauvage cueilli le jour de la Saint-Jean pour faire des fumigations aux arbres la veille de Noël et les faire ainsi pousser avec rapidité. Les Allemands de Bohême occidentale tirent une sorte de tisane ou de vin des fleurs de sureau ; mais ce breuvage, disent-ils, n'a point de vertu médicinale si les fleurs n'ont pas été cueillies la veille de la Saint-Jean. Ils prétendent aussi qu'il faut enlever son chapeau toutes les fois que l'on voit un sureau. Dans le Tyrol, le sureau-nain sert à découvrir les sortilèges à l'adresse du bétail, à condition, bien entendu, que l'arbuste ait été arraché ou que ses branches aient été coupées le jour de la Saint-Jean. Les paysans russes regardent avec respect, et même avec crainte, la plante appelée herbe aux écus. Les sorciers en font grand usage. Ils arrachent la racine le matin de la Saint-Jean, à l'aube, sans se servir d'instruments en fer ; ils croient, grâce à sa racine et à ses fleurs, pouvoir se soumettre les mauvais esprits, et chasser les sorcières et les démons qui gardent les trésors.

Plus fameuses encore sont les propriétés merveilleuses que la superstition populaire, dans diverses parties de l'Europe, a attribuées à la fougère à cette même époque de l'année. On croit qu'à minuit, la veille de la Saint-Jean, la plante fleurit et, tôt après, vient en graine ; celui qui recueille la fleur ou la graine acquiert ainsi une science surnaturelle et des pouvoirs miraculeux ; surtout, il sait où se trouvent des trésors enfouis sous terre, et il peut se rendre invisible à volonté en mettant la graine dans son soulier. Mais il faut observer de grandes précautions pour se procurer la fleur ou la graine merveilleuse ; sans quoi, elle disparaît rapidement comme la rosée sur le sable ou la brume dans l'air. Le chercheur ne doit ni l'effleurer de la main ni lui laisser toucher le sol ; il doit tendre un drap blanc sous la plante, sur lequel tomberont fleurs ou graines.

FLEURS MAGIQUES A LA VEILLE DE LA SAINT-JEAN

L' « HERBE DE PRINTEMPS » ET LE PIC.
LA CHICORÉE BLANCHE.

Il y avait autrefois, dit-on, dans les montagnes
du Harz, une fleur merveilleuse appelée « herbe
de printemps » ou « herbe de Jean » aussi rare
d'ailleurs qu'elle était merveilleuse. Elle ne
fleurissait que la nuit de la Saint-Jean (certains
disent sous une bruyère), entre onze heures et
minuit; le dernier coup de minuit sonné, elle
disparaissait. Ce n'était que dans les régions
montagneuses, où de nobles métaux reposaient
dans le sein de la terre, que l'on trouvait cette
fleur, çà et là, dans des prés solitaires, parmi les
collines. Les esprits des montagnes voulaient,
par le moyen de cette fleur, indiquer aux hommes
où ils trouveraient leurs trésors. La fleur elle-
même était jaune, et elle brillait dans les ténèbres
de la nuit, comme une lampe. Elle ne restait jamais
immobile; mais elle sautillait constamment de ci
de là. Elle avait en outre peur des hommes et elle
fuyait devant eux; nul ne pouvait la cueillir qui
n'eût été désigné tout spécialement pour cette
tâche par la Providence. A celui qui avait le
bonheur de la saisir, la fleur révélait tous les

trésors de la terre, et elle le rendait riche, très riche et très heureux !

Comment s'emparer de cette herbe merveilleuse ? Voici. Vous repérez dans un arbre un trou où un pic vert ou noir a bâti son nid et a couvé ses petits. Vous obstruez le trou avec une cheville ; puis vous vous cachez derrière l'arbre aux aguets. Le pic pendant ce temps s'est envolé, mais il revient bientôt, l'herbe « de printemps » dans le bec. Il voltige autour du tronc de l'arbre, tendant l'herbe vers la cheville, qui aussitôt, comme frappé par un marteau, saute avec un claquement. C'est alors qu'il faut savoir saisir l'occasion. Vous sortez précipitamment de votre cachette et vous poussez un cri strident ; dans sa frayeur, l'oiseau, tel le corbeau de la fable, ouvre le bec et laisse tomber l'herbe. Rapide comme l'éclair, vous déployez une étoffe rouge ou blanche, dont vous avez eu soin de vous munir, et vous y recevez la plante magique. Le trésor est désormais à vous. Devant sa puissance merveilleuse, portes et serrures s'ouvrent instantanément ; il peut rendre invisible celui qui le possède ; et ni lames ni balles ne peuvent blesser l'homme qui l'a dans la poche de sa veste. La superstition qui associe l' « herbe de printemps » au pic est très ancienne, car elle est rapportée par Pline. Une croyance populaire voulait, nous dit-il, que, si un berger bouchait l'orifice d'un nid de pic dans le creux d'un arbre avec un coin, l'oiseau apportât une herbe qui faisait sauter le coin hors du trou. Une autre fleur possède la même vertu remarquable de faire ouvrir toutes les portes et toutes les serrures, c'est la chicorée, pourvu que l'on coupe aussi la fleur avec une lame d'or, à midi ou à minuit, le vingt-cinq juillet, jour de la Saint-Jacques. Mais il faut, pendant l'opération, garder un parfait silence; si vous murmurez un mot, c'en est fait de vous. Un homme qui était sur le point de couper la fleur de chicorée leva, une fois, les yeux; il vit une pierre meulière suspendue au-dessus de sa tête. Il s'enfuit en hâte et put heureusement échapper la vie sauve. Mais s'il avait seulement ouvert les lèvres, la pierre serait tombée sur lui et l'aurait aplati comme une crêpe. Ce n'est cependant qu'une variété de chicorée blanche, très rare, qui peut ainsi ouvrir toutes les serrures; la fleur ordinaire, d'un bleu éclatant, ne saurait remplir le même office.

***

Scier la Vieille Femme

Les bohémiens du sud-est de l'Europe, observent la coutume de « scier la Vieille Femme en deux », sous une forme des plus réalistes, non à la Mi-Carême, mais l'après-midi du dimanche des Rameaux. On place la Vieille Femme, représentée par un mannequin en paille habillé en femme, en travers d'une poutre, en quelque endroit public ; les bohémiens s'assemblent et la frappent à coups de massue ; puis, un jeune homme et une jeune fille, tous deux déguisés, la scient en deux. Pendant qu'on scie l'effigie, les autres membres de la compagnie dansent tout autour et chantent des chansons variées. On brûle enfin les restes de l'effigie et on en jette les cendres à la rivière. Les bohémiens eux-mêmes croient qu'ils observent cette cérémonie en l'honneur d'une certaine Reine Ombre ; aussi le dimanche des Rameaux porte-t-il le nom de « Jour d'Ombre » chez les bohémiens nomades du sud et de l'est de l'Europe. Selon la croyance populaire, cette Reine dont les bohémiens d'aujourd'hui n'ont qu'une notion très vague et très confuse, disparaît sous terre à la venue du printemps, mais resort au début de l'hiver pour infliger à l'humanité, pendant cette saison inclémente, la maladie, la disette et la mort. Les bohémiens nomades du sud de la Hongrie regardent l'effigie comme une offrande d'expiation et d'actions de grâce faite à la Reine qui a épargné son peuple pendant l'hiver. En Transylvanie, les bohémiens, qui vivent sous des tentes, habillent le mannequin des vieilles défroques de la femme dont le veuvage est le plus récent. La veuve elle-même donne volontiers ses vêtements pour cet usage ; elle croit que, une fois brûlés, ils deviendront la possession de son mari défunt, qui n'aura alors plus de raison pour revenir du pays des esprits lui rendre visite. Les bohémiens de Transylvanie jettent les cendres dans le premier cimetière qu'ils aperçoivent au cours de leur voyage.

« SAISISSEZ LE VIEILLARD »

Dans l'Europe moderne, la personne qui coupe, lie, ou bat la dernière gerbe est souvent exposée à être assez brutalement traitée par ses compagnons de travail. On l'attache par exemple dans la dernière gerbe, et on la porte ainsi par le village, on la frappe, on la trempe d'eau, on la jette sur un tas de fumier, etc... Ou bien, si on épargne au retardataire ces brutalités, on en fait du moins un objet de ridicule, et on le croit destiné à souffrir quelque malheur au cours de l'année. Aussi les moissonneurs répugnent-ils

bien naturellement à couper, à battre ou à lier
la dernière gerbe, et, à mesure que le travail
approche de sa fin, cette répugnance produit-elle
parmi eux une émulation : chacun s'efforce de
finir le plus vite possible pour éviter la décon-
venue d'être le dernier. Dans le voisinage de
Dantzig, lorsqu'on a coupé le blé d'hiver et
qu'il n'en reste plus guère à mettre en gerbes, on
distribue ce reste parmi les lieuses : chacune en
reçoit la même quantité. Une foule de moissonneurs, d'enfants et de badauds, se presse tout
autour pour assister au tournoi : aux mots
« Saisissez le Vieillard », les femmes se mettent
à l'œuvre et lient leurs gerbes avec toute
l'énergie dont elles sont capables. Les spectateurs les surveillent de près; celle qui ne peut
aller assez vite et lie la dernière gerbe doit
porter le Vieillard (c'est-à-dire la dernière gerbe,
à laquelle on donne la forme d'un vieillard)
jusqu'à la ferme et le présenter au fermier
avec ces mots : « Voici; je t'apporte le Vieillard. »
Un repas vient ensuite; on place le Vieillard à
table et on lui sert une abondante portion;
comme il ne peut la manger, c'est la femme qui
l'a porté qui s'en charge. On dépose ensuite
le Vieillard dans la cour et tous dansent autour
de lui. Ou bien, la femme qui a lié la dernière
gerbe danse pendant un bon moment avec le

Vieillard, au milieu d'un cercle de spectateurs ; chacun d'eux danse ensuite une fois avec lui. La femme qui a lié la dernière gerbe porte elle-même le nom de Vieillard jusqu'à la moisson suivante, et on se moque souvent d'elle en lui criant : « Voici le Vieillard. » Dans le district de Mittlemark, en Prusse, quand on a coupé le seigle et qu'on est sur le point de lier les dernières gerbes, les femmes se mettent sur deux rangs, face à face, chacune ayant devant elle sa gerbe et sa corde de paille. A un signal donné, elles attachent chacune sa gerbe, et celle qui finit la dernière est l'objet du ridicule. Ce n'est pas tout ; on donne à sa gerbe la forme d'un homme, et on l'appelle le Vieillard ; elle doit rapporter le mannequin à la cour de la ferme, où les moissonneurs font une ronde autour de lui. Puis on porte le Vieillard au fermier, et on le lui laisse en disant : « Nous apportons le Vieillard au maître. Il peut le garder jusqu'à ce qu'il en ait un nouveau. » Après quoi, on dresse le Vieillard contre un arbre, et il reste là longtemps, en butte à mainte plaisanterie. A Aschbach, en Bavière, quand la moisson est presque terminée, les moissonneurs disent : « Nous allons maintenant chasser le Vieillard. » Chacun se met à couper un carré de blé aussi vite qu'il le peut ; celui qui coupe la dernière poignée ou la dernière tige est salué par les autres du cri triomphant de : « Tu as le Vieillard. » On attache quelquefois un masque noir sur le visage du moissonneur et on l'habille de vêtements de femme ; ou, si c'est une moissonneuse, on l'habille en homme. On danse ensuite. A ce souper, le Vieillard reçoit une part deux fois plus grosse que les autres. On fait de même lors du battage ; on dit que la personne qui donne le dernier coup de fléau a « le Vieillard. » Au souper qui suit le battage, elle doit manger dans la louche à crème et boire abondamment. On se moque d'elle et on la taquine aussi de mille façons, jusqu'à ce qu'elle se délivre de ces taquineries en offrant aux autres de l'eau-de-vie ou de la bière.

Près de Stettin, les moissonneurs crient à la femme qui lie la dernière gerbe : « Tu as le Vieillard et tu le garderas. » Le Vieillard est un grand tas de blé orné de fleurs et de rubans, auquel on a grossièrement donné une forme humaine. On l'attache sur une herse ou sur un cheval, et on l'emmène, musique en tête, au village. En tendant le Vieillard au fermier, la femme prononce ces mots :

« Voici, cher monsieur, le Vieillard.
Il ne peut plus rester dans les champs,
Il ne peut plus se cacher,

Il faut qu'il vienne dans le village.
Mesdames et Messieurs, ayez donc la bonté
D'offrir un présent au Vieillard. »

Dans la première moitié du XIXe siècle, on avait encore l'habitude d'attacher la femme dans des fanes de pois, et de la rapporter, avec accompagnement de musique, à la ferme, où les moissonneurs dansaient avec elle jusqu'à ce que les fanes de pois fussent tombées. Dans d'autres villages, autour de Stettin, quand on charge la dernière gerbe de blé sur la charrette, apparaît parmi les femmes une émulation générale à qui ne sera pas la dernière. Car celle qui place la dernière gerbe sur la charrette reçoit le nom de Vieillard ; on l'enroule complètement dans des tiges de blé, on la pare de fleurs, et on lui met sur la tête des fleurs et un casque de paille. Elle porte, en procession solennelle, la couronne de la moisson au seigneur du village, et la lui tient au-dessus de la tête tout en prononçant un chapelet de bons souhaits. Dans le bal qui suit, le Vieillard a le droit de choisir un partenaire : et c'est un honneur que de danser avec lui. Dans la région de Postdam, on salue la femme qui lie la dernière gerbe à la récolte du cri : « Tu as le Vieillard. » On attache alors une femme dans la dernière gerbe de façon à lui laisser seulement la tête libre ; on lui couvre aussi les cheveux de tiges de seigle, décorées de rubans et de fleurs. On l'appelle l'Homme de la Moisson ; elle doit danser devant la dernière charrette de gerbes jusqu'à la maison du seigneur ; elle reçoit alors un présent et est délivrée de son enveloppe de blé.

« L'idée qui est à la base de toutes ces coutumes est que l'esprit du blé — le Vieillard de la végétation — chassé du blé qu'on a coupé ou battu en dernier lieu, vit dans la grange pendant l'hiver. Au temps des semailles, il en sort et retourne aux champs, où il reprend son rôle de force vivifiante dans le blé qui germe. »

Le Carnaval sur le Bûcher

A Frosinone, dans le Latium, à mi-chemin entre Rome et Naples, la terne monotonie de la vie provinciale italienne se trouve agréablement rompue, le dernier jour du Carnaval, par l'ancienne fête connue sous le nom de *Radica*. Vers quatre heures de l'après-midi, l'orchestre de la ville, jouant des airs gais et suivi par une grande foule, se rend à la Piazza del Plebiscito, où se dressent la sous-préfecture et les autres édifices publics. Là, au milieu de la place, les yeux de la multitude aux aguets découvrent avec joie un immense char décoré de festons multicolores et attelé de quatre chevaux. Sur le char est placé un énorme siège, où trône la majestueuse personne de Carnaval, homme en stuc de trois mètres de haut, au visage rubicond et souriant. D'énormes souliers, un casque en fer blanc, et un vêtement aux multiples couleurs, embelli par d'étranges dessins, parent cet imposant personnage. Sa main gauche repose sur le bras du fauteuil, tandis qu'il adresse de gracieux saluts à la foule de la main droite, geste de courtoisie qu'il exécute sous l'action d'une ficelle tirée par un homme qui se dérobe modestement à la vue du public sous le trône de grâce. La foule, qui se presse avec enthousiasme autour du char, donne libre cours à ses sentiments et pousse de sauvages cris de joie ; l'aristocratie et la plèbe confondues dansent avec frénésie le *Saltarello*. Un caractère particulier de cette fête est que chacun doit porter à la main ce qu'on appelle *radica* (une racine), nom par lequel on désigne une feuille énorme d'aloès ou plutôt d'agave. Quiconque s'aventurerait dans la foule sans une telle feuille serait hué et chassé sans autre forme de procès, à moins qu'il ne porte à la place un gros chou au bout d'un long bâton, ou un bouquet d'herbe curieusement tressé. Quand la multitude, après un court détour, a escorté le char qui s'avance lentement jusqu'au portail de la sous-préfecture, elle fait halte, et le véhicule, cahoté sur le sol inégal, roule avec fracas dans la cour. Un silence s'abat alors sur la foule, dont les murmures résonnent, suivant la description de quelqu'un qui les a entendus, comme le grondement sourd d'une mer agitée. Tous les yeux sont anxieusement tournés vers la porte, d'où on espère voir sortir le sous-préfet lui-même et les autres représentants de la majesté de la loi, qui vont offrir leurs hommages au héros du jour. Quelques moments d'attente, et une tempête d'acclamations et d'applaudissements salue l'apparition des dignitaires, tandis qu'ils descendent l'escalier, l'un après l'autre, et prennent place dans la procession. Le chant du Carnaval éclate alors ; après quoi, au milieu d'un assourdissant tumulte, les feuilles d'aloès et de chou sont lancées en l'air et retombent impartialement sur les têtes des justes et des injustes, qui ajoutent d'ailleurs à l'entrain de la cérémonie en engageant des luttes entre eux. Quand ces formalités préliminaires ont été accomplies à la satisfaction de toutes les personnes présentes, la procession se met en marche. Une charrette, chargée de barils de vin, forme l'arrière-garde ; des agents de police y sont occupés (tâche qu'ils ne jugent point indigne d'eux) à servir du vin à tous ceux qui en demandent, tandis que des luttes et des mêlées, accompagnées d'une copieuse décharge de coups, de hurlements et de blasphèmes, se livrent parmi la foule qui se presse derrière la charrette, soucieuse de ne pas manquer la glorieuse occasion de s'enivrer aux frais de l'État. Enfin, après que la procession a défilé dans les rues principales en majestueux appareil, on porte l'effigie de Carnaval au centre d'une place publique; on la dépouille de ses parures, on la met sur un tas de bois, et on la brûle au milieu des clameurs de la multitude qui, entonnant encore une fois le chant du Carnaval, lance ses « racines » sur le bûcher, et s'abandonne sans contrainte aux plaisirs de la danse.

Le Carnaval de Lérida

A Lérida, en Catalogne, un voyageur anglais a assisté en 1877 aux funérailles de Carnaval. Le dernier dimanche du Carnaval, une grande procession d'infanterie, de cavalerie, et de gens masqués de toutes sortes, certains à cheval et certains dans des voitures, escortait en triomphe, dans les rues principales, le grand char de Sa

Grâce Pau Pi, comme on appelait l'effigie. Pendant trois jours, les réjouissances battirent leur plein; le dernier jour, à minuit, la même procession parcourut à nouveau les rues, mais avec un tout autre aspect et pour une fin toute différente. Le char triomphal s'était changé en corbillard, sur lequel reposait l'effigie de Sa Grâce défunte; une troupe de gens masqués qui, dans la première procession, avaient joué le rôle d'Etudiants de la Folie, avec mainte plaisanterie et maint joyeux sarcasme, portant maintenant des robes de prêtres ou d'évêques, s'avançait lentement, brandissant d'énormes torches allumées et chantant une cantilène funèbre. Tous avaient un crêpe, et tous les cavaliers portaient des flambeaux allumés. Mélancoliquement, la procession descendit la grand'rue, entre les hautes maisons à plusieurs étages et à balcons, où, à chaque fenêtre, à chaque balcon, sur chaque toit, se pressait une masse compacte de spectateurs, tous habillés et masqués avec une somptuosité féerique. Sur toute la scène, flamboyaient et se jouaient les lumières changeantes et les ombres de torches agitées; des feux de Bengale rouges et bleus éclataient, puis mouraient; et par-dessus le bruit des sabots des chevaux et des pas mesurés de la multitude en marche, s'élevait la voix des prêtres chantant le Requiem, tandis que les orchestres militaires y joignaient le roulement lugubre de leurs tambours voilés. Arrivée à la place principale, la procession s'arrêta; on prononça une oraison funèbre burlesque sur le défunt Pau Pi, et on éteignit les lumières. Immédiatement, le diable et ses anges s'élancèrent hors de la foule, saisirent le corps et s'enfuirent avec lui, ardemment poursuivis par toute la multitude criant, hurlant et applaudissant. Naturellement, les ennemis étaient saisis et dispersés; et le prétendu cadavre, délivré de leurs griffes, était couché dans une tombe qu'on avait préparée pour le recevoir. C'est ainsi que le Carnaval mourut et fut enterré à Lérida en 1877.

Le Carnaval de Viza

Un drame, que l'on peut raisonnablement considérer comme descendu en droite ligne des rites de Dionysos, se joue au Carnaval dans tous les villages chrétiens qui se groupent autour de Viza, l'ancienne Bizya, ville de Thrace située à mi-chemin environ entre Andrinople et Constantinople. Dans l'antiquité, la ville était la capitale de la tribu thrace des Astes; les rois y avaient leur palais, probablement sur l'acropole, dont on voit encore debout quelques belles murailles. Des inscriptions conservées dans la ville moderne donnent le nom de certains de ces anciens rois. La date de la célébration est le Lundi des Fromages, comme on l'appelle dans le pays, qui est le lundi de la dernière semaine du Carnaval. Deux hommes déguisés avec des peaux de boucs jouent les principaux rôles. Chacun d'eux porte une coiffure faite d'une peau de bouc complète, remplie et bourrée de façon à s'élever à un pied ou deux, comme un shako, au-dessus de la tête ; la peau retombe sur le visage et forme un masque, avec des trous pour les yeux et la bouche. Leurs épaules sont rembourrées d'une épaisse couche de foin pour les protéger contre les coups qui pleuvaient très libéralement sur leur dos. Des peaux de faons sur leurs épaules et des peaux de boucs sur leurs jambes font d'ordinaire, ou faisaient, partie de leur équipement ; un grand nombre de clochettes de troupeaux, attachées autour de leur taille, était en outre indispensable. L'un des deux acteurs vêtus de peaux porte un arc et l'autre une effigie en bois. Ces deux acteurs doivent être des hommes mariés. Deux jeunes gens non mariés, habillés en jeunes filles et appelés quelquefois les mariées, jouent aussi un rôle dans la pièce ; un homme déguisé en vieille femme, tout en haillons, porte dans un panier une effigie représentant un enfant ; le marmot est censé être un enfant de sept mois. Le panier dans lequel on fait parader cet enfant plein d'avenir porte le nom ancien de van, et le bébé lui-même s'intitule : « Celui du Van », titre qu'on appliquait dans l'antiquité à Dionysos. Deux autres acteurs, vêtus de haillons, le visage noirci, et munis de vigoureux gourdins, jouent le rôle du bohémien et de sa femme ; d'autres représentent des agents de police armés d'épées et de fouets ; la troupe est enfin complétée par un homme qui joue de la cornemuse.

Voilà donc les acteurs. Le matin du jour où ils jouent leur petit drame se passe pour eux en tournées dans le village : ils vont de porte en porte et reçoivent du pain, des œufs, ou de l'argent. Les deux hommes habillés de peaux frappent à l'huis, les garçons déguisés en filles dansent, et le bohémien et sa femme exécutent une pantomime sur le tas de paille situé devant la maison. Quand elle a ainsi fait le tour de toutes les maisons du village, la petite troupe s'installe sur la place qui se trouve devant l'église, où toute la population s'est déjà rassemblée pour assister à la cérémonie. Après une farandole, à laquelle tous les acteurs prennent part, les deux hommes revêtus de peaux se retirent et laissent la place aux bohémiens, qui font semblant de forger un soc de charrue : l'homme feint de frapper sur le fer et la femme de faire marcher le soufflet. Le bébé de la vieille femme est alors censé grandir à pas de géant, montrer un énorme appétit pour la viande et la boisson, et réclamer à grands cris une femme. L'un des deux hommes poursuit l'une des prétendues mariées, et on célèbre entre eux un simulacre de mariage. Après cette parodie de noces véritables, le faux marié est tué par la flèche de son camarade et tombe à plat ventre comme mort. Son meurtrier feint alors de l'écorcher avec un couteau ; mais la femme du défunt, qui pleure à grands cris son époux, se jette sur son cadavre. Le meurtrier lui-même et tous les acteurs prennent part à ces lamentations ; on célèbre un faux service funèbre, et on soulève le prétendu cadavre comme pour le porter au cimetière. Mais voilà que le mort déjoue tous ces préparatifs d'enterrement en revenant soudain à la vie. Ainsi se termine ce drame de mort et de résurrection.

L'acte suivant s'ouvre à nouveau par le même simulacre : il s'agit de forger un soc de charrue, mais cette fois le bohémien martèle une charrue véritable. Quand l'outil est censé terminé, on apporte une vraie charrue, et le simulacre paraît cesser; les deux garçons habillés en filles sont attelés à la charrue et la traînent par deux fois tout autour de la place du village, dans le sens opposé à la marche du soleil. L'un des deux hommes vêtus de peaux s'avance derrière la charrue, l'autre la guide par devant et un troisième suit par derrière, et puise dans un panier du grain qu'il sème. Les deux tours une fois terminés, le bohémien et sa femme sont attelés à la charrue, et la traînent une troisième fois autour de la place; les deux hommes vêtus de peaux jouent toujours le rôle de laboureurs. A Viza, ce sont ces deux hommes qui tirent eux-mêmes la charrue. Tandis que la charrue fait ainsi le tour de la place, suivie du semeur qui jette la semence, les gens prient à haute voix en ces termes : « Puisse le blé être à dix piastres le boisseau ! Le seigle à cinq piastres le boisseau ! Amen; puissent les pauvres manger ! Oui, puissent les pauvres gens se rassasier ! » C'est là la fin de la cérémonie. On passe la soirée à se régaler grâce au produit des visites domiciliaires qui ont eu lieu dans la matinée.

Lutte de l'Été et de l'Hiver

Il arrive que, dans les usages populaires des paysans, le contraste entre l'assoupissement des énergies de la végétation en hiver et leur renouveau au printemps prenne la forme d'une lutte entre des acteurs qui jouent respectivement le rôle de l'hiver et de l'été. C'est ainsi que, dans les villes de Suède, le premier mai, deux troupes de jeunes gens à cheval se rencontraient comme pour engager un combat à mort. L'une d'elles avait à sa tête un représentant de l'hiver, vêtu de fourrures, qui lançait des boules de neige et de la glace pour prolonger la durée du mauvais temps. L'autre troupe était commandée par un représentant de l'été, couvert de feuilles et de fleurs toutes fraîches. Dans le simulacre de combat qui suivait, la troupe de l'été était victorieuse, et un banquet terminait la cérémonie. De même, dans la région du Rhin moyen, un représentant de l'été, vêtu de lierre, se bat contre un représentant de l'hiver couvert de paille ou de mousse et finit par l'emporter sur lui. L'ennemi vaincu est jeté par terre et dépouillé de son enveloppe de paille, qui est déchirée et jetée aux quatre vents; pendant ce temps, les jeunes camarades des deux cham-

pions entonnent une chanson pour commémorer
la victoire de l'été sur le printemps. Ensuite, ils
portent par tout le village une guirlande d'été
ou une branche verte et recueillent de maison en
maison des présents d'œufs et de lard. Il arrive
que le champion qui joue le rôle de l'été soit vêtu
de feuilles et de fleurs et porte sur la tête un
chapelet de fleurs. Dans le Palatinat, ce simulacre de lutte a lieu le quatrième dimanche du
Carême. Dans toute la Bavière, il était d'usage
de jouer le drame sacré le même jour; en certains endroits, la coutume a même persisté
jusqu'au milieu du XIXe siècle ou plus tard
encore. L'été apparaissait tout habillé de vert,
décoré de rubans flottant au vent, et portant une branche fleurie ou un petit arbre
chargé de pommes et de poires; l'hiver au contraire était emmitouflé dans un bonnet et un
manteau de fourrure, et il portait à la main une
pelle à neige ou un fléau. Accompagnés chacun
de sa suite vêtue et parée de façon analogue, ils
allaient par toutes les rues de la ville, s'arrêtaient
devant les maisons et chantaient les couplets
d'anciennes chansons; ils recevaient en échange
des présents de pain, d'œufs et de fruits. Enfin,
après une courte lutte, l'hiver était battu par
l'été et plongé dans le puits du village ou chassé
dans la forêt à grands cris et avec maint éclat de

rire. Dans certaines parties de la Bavière, les jeunes garçons qui tiennent le rôle de l'hiver et de l'été jouent leur petit drame dans toutes les maisons qu'ils visitent et engagent la bataille en paroles avant d'en venir aux coups ; chacun vante les plaisirs et les bienfaits de la saison qu'il représente et dénigre ceux de l'autre. Le dialogue est en vers. Quelques couplets peuvent servir d'exemples :

L'ÉTÉ

« Verts, verts sont les prés partout où je passe
Et le faucheur, dans le gazon, jamais ne se lasse. »

L'HIVER

« Partout où je vais les prés sont blancs
Et les traîneaux dans la neige glissent en sifflant. »

L'ÉTÉ

« Sur l'arbre où brillent les cerises rouges je monterai,
Et l'hiver tout seul en bas peut rester. »

L'HIVER

« Avec toi je monterai sur le haut cerisier,
Les branches allumeront le feu du foyer. »

L'ÉTÉ

« O hiver, tu es bien impoli
D'envoyer au diable les vieilles femmes. »

L'HIVER

« Je les réchauffe et je les mûris ainsi ;
Laisse-les donc brailler et beugler. »

L'ÉTÉ

« Je suis l'été dans ses blanches parures.
Et bien loin, bien loin, je chasse l'hiver. »

L'HIVER

« Je suis l'hiver en manteau de fourrure
Et je chasse l'été sur buissons et bardanes. »

L'ÉTÉ

« Dis encore un mot, et je te fais bannir,
A l'instant et à jamais du pays de l'été. »

L'HIVER

« O Été, tu peux te vanter en grand fanfaron,
Tu n'oserais pas porter une poule dans un sac. »

L'ÉTÉ

« O Hiver, je ne puis plus supporter ton caquet,
Sans retard, je te frappe des mains et des pieds. »

Une lutte s'engage entre les deux petits garçons ;
l'été a le dessus et chasse l'hiver de la maison.
Mais bientôt le champion de l'hiver qui vient
de se faire battre met le nez à la porte et, d'un
air humble et soumis, il chante :

« O Été, cher Été, je suis par toi banni,
Car toi tu es le maître et moi serviteur suis. »

A quoi l'été répond :

« C'est une idée fort sage et des plans le meilleur :
C'est moi le maître et toi le serviteur.
Viens donc, mon cher hiver et, donne-moi la main ;
Ensemble nous irons au pays de l'Été. »

REINE DE L'HIVER ET REINE DE MAI

Le premier mai, il était d'usage, dans presque toutes les grandes paroisses de l'île de Man, de choisir parmi les filles des plus riches fermiers une jeune fille pour en faire la Reine de Mai. Elle revêtait les vêtements les plus brillants et était accompagnée d'une vingtaine d'autres jeunes filles, qu'on appelait les demoiselles d'honneur. Elle avait aussi pour capitaine un jeune homme, assisté d'un certain nombre d'officiers subalternes sous ses ordres. En face d'elle, il y avait la Reine de l'Hiver; c'était un homme, habillé en femme, avec des capuchons de laine, des pèlerines de fourrure et tous les vêtements les plus épais amoncelés l'un sur l'autre. Sa suite était habillée de manière analogue, et elle avait aussi un capitaine et une troupe pour la défendre. Ces représentants de la beauté du printemps et de la laideur de l'hiver partaient de leur quartier respectif, l'un précédé de la suave musique des flûtes et des violons, l'autre du tintamarre discordant de couperets et de pincettes. Ils s'avançaient en cet arroi jusqu'à un communal, où la suite de chacun de ces deux souverains engageait un simulacre de bataille. Si les forces de la Reine de l'Hiver l'emportaient et faisaient prisonnière sa rivale, la Reine de Mai captive payait une rançon suffisante pour couvrir les frais de la fête. Après cette cérémonie, l'hiver et sa troupe se retiraient et s'amusaient dans une grange, tandis que les partisans de l'été dansaient sur un pré vert et terminaient la soirée par un repas, où la Reine et ses suivantes étaient à une table, le capitaine et sa troupe à une autre. Plus tard, l'usage disparut de faire prisonnière la Reine de Mai; on lui substitua une de ses pantoufles; si cette pantoufle était prise, il fallait la racheter par une rançon qui couvrît les dépenses de la cérémonie. La procession de l'été, qui fut plus tard composée de petites filles, a survécu de quelques années à sa rivale, la procession de l'hiver; mais toutes deux sont désuètes aujourd'hui et depuis longtemps choses du passé.

SIMULACRE DE DÉCAPITATION DU ROI LE LUNDI DE LA PENTECÔTE

A Semic, en Bohême, on observe, le lundi de Pentecôte, un usage qui consiste à couper la tête du roi. Une bande de jeunes gens se déguisent: chacun revêt une ceinture d'écorce, une épée en bois et une trompette en écorce de saule. Le roi porte une robe d'écorce décorée de fleurs et de branches, il a les pieds enveloppés dans des fougères et un masque sur le visage; en guise de sceptre, il tient à la main une baguette d'aubépine. Un jeune garçon le conduit dans le village par une corde attachée à son pied; les autres dansent tout autour, soufflent dans leurs trompettes et sifflent. Dans chaque ferme, on poursuit le roi tout autour de la pièce; un garçon de la bande, au milieu de cris et de clameurs, donne avec son épée des coups sur la robe d'écorce du roi jusqu'à ce qu'elle résonne. Tous demandent alors un pourboire. La cérémonie de décapitation, que l'on escamote un peu ici, se pratique avec un plus grand souci de la réalité dans d'autres parties de la Bohême. C'est ainsi que, le lundi de Pentecôte, dans certains villages du district de Königgrätz, les jeunes filles se réunissent sous un tilleul et les jeunes gens sous un autre; tous sont revêtus de leurs plus beaux habits et parés de rubans. Les jeunes gens tressent une guirlande pour la reine, et les jeunes filles en tressent une pour le roi. Quand ils ont choisi leur roi et leur reine, ils vont tous en procession, deux par deux, au cabaret; là, du haut du balcon, le crieur proclame le nom du roi et de la reine. Tous deux sont alors investis des insignes de leur fonction et sont couronnés de guirlandes, tandis que la musique se met à jouer. Puis quelqu'un monte sur un banc et accuse le roi de divers délits, d'avoir par exemple maltraité le bétail. Le roi fait appel à des témoins ; un procès s'ensuit, à l'issue duquel le juge, qui porte une baguette blanche comme insigne de sa charge, prononce son verdict. S'il est affirmatif, le juge brise sa baguette, le roi se met à genoux sur une étoffe blanche, toutes les têtes se découvrent et un soldat empile deux, trois ou quatre chapeaux sur la tête de sa majesté. Le juge répète alors le mot « coupable » par trois fois, et, d'une voix forte, il ordonne au crieur de décapiter le roi. Le crieur obéit en faisant sauter les chapeaux du souverain d'un coup de son sabre de bois.

Le Printemps Magique

L'homme primitif, égaré par son ignorance des causes véritables, croyait que, pour produire les grands phénomènes de la nature dont dépendait sa vie, il n'avait qu'à les imiter, et qu'aussitôt, par sympathie secrète ou influence mystique, le petit drame qu'il jouait dans la clairière ou le vallon, sur la plaine déserte ou la grève balayée par le vent, serait repris et répété par des acteurs plus puissants et sur une plus vaste scène. Il s'imaginait qu'en se déguisant avec des feuilles et des fleurs, il aidait la terre dénudée à se couvrir de verdure, et qu'en mimant la mort et l'enterrement de l'hiver, il chassait la morne saison et préparait la voie au retour du printemps. Si nous éprouvons de la peine à nous mettre, même en imagination, dans l'état d'esprit où cela paraît possible, nous pouvons plus facilement nous représenter l'anxiété que le sauvage, quand il commença pour la première fois à élever ses pensées au-dessus de la satisfaction de besoins purement animaux, et à méditer sur la cause des phénomènes, dut ressentir au sujet de la continuation du jeu de ce que nous appelons maintenant les lois de la nature. A nous, qui sommes familiarisés avec la conception de l'uniformité et de la régularité avec lesquelles se succèdent les grands phénomènes cosmiques, cette appréhension nous semble bien peu fondée. Mais seules l'expérience que donnent une observation étendue et une longue tradition peuvent engendrer notre confiance dans la stabilité de la nature; et le sauvage, avec son champ si étroit d'observation et ses courtes traditions, est privé des premiers éléments de cette expérience qui seule pourrait rassurer son esprit en face des aspects toujours changeants et souvent menaçants de la nature. Rien d'étonnant, donc, à ce qu'il soit frappé de panique par une éclipse, à ce qu'il croie que le soleil et la lune périraient certainement, s'il ne poussait pas un cri et ne lançait pas dans l'air ses flèches minuscules, pour défendre les corps célestes contre le monstre qui menace de les dévorer. Rien d'étonnant s'il est terrifié quand, dans les ténèbres de la nuit, la lueur d'un météore illumine soudain une bande de ciel, ou si toute l'étendue de la voûte céleste est embrasée par la lumière intermittente de l'aurore boréale. Même les phénomènes qui reviennent à intervalles fixes et uniformes lui causent de l'appréhension, avant qu'il soit arrivé à reconnaître la régularité de leurs réapparitions. Et il reconnaîtra plus ou moins vite ces changements périodiques ou cycliques qui se produisent dans la nature, selon que le cycle en question est plus ou moins long. Par exemple, le cycle du jour et de la nuit, partout, sauf dans les régions polaires, revient si fréquemment que les hommes cessèrent très vite de s'inquiéter sérieusement à propos de l'incertitude de son retour; et, cependant, les anciens Égyptiens employaient chaque jour des enchantements pour ramener à l'orient le globe de feu qu'ils avaient vu plonger le soir dans les rougeurs de l'occident. Mais il en était bien autrement du cycle annuel des saisons. Une année est, pour n'importe quel homme, une période considérable, puisque le nombre de nos années, même lorsqu'il atteint son chiffre le plus élevé, ne l'est pas encore démesurément. Mais l'être primitif, avec sa courte mémoire et ses moyens imparfaits de marquer la fuite du temps, a peut-être bien trouvé l'année si longue qu'il ne pouvait y reconnaître le retour d'un cycle; et il a contemplé les aspects changeants de la terre et du ciel avec un étonnement perpétuel; il aura passé par des alternatives de plaisir et d'appréhension, d'espoir et de découragement, selon que les vicissitudes de la lumière et de la chaleur, de la vie végétale et animale, servaient ses besoins ou menaçaient son existence. En automne, quand la bise glacée faisait tourbillonner dans la forêt les feuilles desséchées, quand il levait les yeux vers les rameaux dénudés, pouvait-il être sûr qu'ils reverdiraient jamais? Lorsque, jour après jour, le soleil descendait plus bas dans le ciel, pouvait-il être certain que l'astre reviendrait jamais parcourir sa route céleste? Même la lune décroissante, dont la pâle faucille apparaissait chaque soir plus mince sur le bord de l'horizon, faisait peut-être germer dans son esprit la crainte qu'elle ne s'évanouisse définitivement.

Ces appréhensions, et mille autres analogues, occupèrent sans doute l'imagination du sauvage, et troublèrent la paix de l'homme qui commença pour la première fois à réfléchir sur les mystères du monde dans lequel il vivait et à penser à un avenir plus éloigné que celui du lendemain. Il est donc naturel qu'avec de telles pensées et de telles craintes il ait fait tout ce qui était en son pouvoir pour ramener sur la branche la fleur fanée, pour rendre au soleil défaillant de l'hiver son ancienne place dans le ciel de l'été, et redonner à la lampe d'argent de la lune qui s'éteignait la plénitude de son éclat. Nous pouvons sourire, si nous voulons, à ses vains efforts; mais ce n'est qu'en faisant une longue série d'expériences, dont certaines étaient presque inévitablement vouées à l'échec, que l'homme s'est rendu compte par la pratique, de l'impuissance de certaines des méthodes qu'il employait, et de la fécondité de certaines autres. Après tout, les cérémonies magiques sont tout simplement des expériences qui ont échoué, et que l'on continue à répéter uniquement parce que, pour les raisons déjà indiquées, l'opérateur ne sait pas qu'elles échouent. Avec le progrès de la science, ou bien on cesse entièrement d'accomplir ces cérémonies, ou bien on les conserve, par la force de l'habitude, longtemps après avoir oublié l'intention dans laquelle on les avait instituées. Quand elles sont ainsi déchues de leur haute position, quand on ne les regarde plus comme des rites solennels, de l'accomplissement régulier desquels dépendent le bien-être et même la vie de la communauté, elles tombent au rang de simples parades, de mascarades et d'amusements ; et bientôt, dans le dernier stade de leur dégénérescence, les personnes adultes les abandonnent entièrement ; après avoir été l'occupation la plus sérieuse du sage, elles deviennent, à la fin, de vains jeux d'enfants. C'est dans cette période finale de déclin que la plupart des anciens rites magiques de nos ancêtres européens s'attardent maintenant ; la marée montante des innombrables forces morales, intellectuelles et sociales, qui entraînent l'humanité vers un but nouveau et inconnu, les chasse rapidement de leur dernière retraite. Un regret peut naturellement nous assaillir en constatant la disparition de coutumes bizarres et de cérémonies pittoresques, qui ont conservé, jusque dans une époque souvent considérée comme prosaïque et terne, quelque chose du parfum et de la fraîcheur du bon vieux temps, un souffle du printemps universel ; mais notre regret se trouvera diminué, si nous nous souvenons que ces jolies cérémonies, ces diversions maintenant innocentes, ont tiré leur origine de l'ignorance et de la superstition; que si elles sont un témoignage des efforts de l'humanité, elles sont aussi un monument de naïveté stérile, de peines perdues, d'espérances déçues, et que, malgré tout leur charme — leurs fleurs, leurs rubans, et leur musique — elles appartiennent plutôt à la tragédie qu'à la farce.

BOUGIES ALLUMÉES POUR ÉCARTER LES SORCIÈRES

Dans le Lancashire, les sorcières avaient coutume de se rassembler la veille de la Toussaint à la Tour Malkin, ferme désolée et en ruines, dans la forêt de Pendle. Elles y méditaient de mauvais desseins; mais on pouvait se protéger contre leur bande infernale en promenant partout à travers les collines une bougie allumée, de onze heures à minuit. Les sorcières s'efforçaient de souffler la bougie; si elles y réussissaient, tant pis pour vous; mais si la flamme continuait à briller jusqu'à ce que les horloges aient sonné minuit, vous étiez sauvés. Certains faisaient accomplir la cérémonie par des rempla-

çants et des groupes allaient le soir de maison
en maison, recueillaient autant de bougies qu'elles
comptaient d'habitants, et offraient leurs services
pour l'éviction des sorcières. On pratiquait encore cette coutume à Longridge Fell au début
du XIXe siècle.

LA FEMME DU PASTEUR ET SES PORCS

Dans l'été de 1828, une épidémie s'abattit
parmi les porcs et les vaches d'Eddesse, village
situé près de Meinersen, dans le sud du Ha-
novre. Quand toutes les mesures habituelles
eurent été impuissantes à arrêter le mal, les
fermiers se réunirent en un conclave solennel sur
la pelouse du village et décidèrent que, le lendemain matin, on ferait un feu de misère (fête
solennelle du feu). Là-dessus, le chef du village
fit dire à chaque maison que, le lendemain,
personne ne devait allumer de feu avant le lever
du soleil, et que tout le monde devait se tenir
prêt à amener ses bestiaux. Dans l'après-midi,
on fit tous les préparatifs nécessaires pour exé-
cuter la décision de la sagesse collective. On
entoura de planches une rue étroite, et le char-
pentier du village se mit à l'œuvre pour allumer

le feu. Il prit des poteaux en bois de chêne, perça dans chacun d'eux un trou de huit centimètres de largeur et de profondeur, et plaça les deux pieux dressés, l'un en face de l'autre, à une distance d'environ soixante centimètres. Il inséra ensuite un rouleau en bois dans les deux trous des poteaux, ce qui forma entre eux une traverse. Vers deux heures, le lendemain matin, chaque propriétaire apporta une botte de paille et de broussailles, et la déposa en travers de la rue, dans un ordre prescrit. On choisit les paysans les plus robustes qu'on put trouver pour allumer le feu. Pour ce faire, on entoura par deux fois la traverse en bois d'une longue corde de chanvre; on enduisit les pivots de goudron ; on plaça auprès un tas d'étoupe et d'autre matière inflammable ; tout était prêt. Les vigoureux gaillards saisirent les deux extrémités de la corde et se mirent à l'œuvre avec ardeur. Des bouffées de fumée sortirent bientôt des trous; mais, à la grande consternation des assistants, on ne pouvait pas en tirer une seule étincelle. Certains exprimaient tout haut le soupçon que quelque coquin n'ait pas éteint le feu dans sa maison : mais tout à coup le bois s'enflamma. Le nuage qui obscurcissait tous les visages disparut; on mit le feu aux tas de combustibles ; quand les flammes furent un peu moins violentes, on fit, de force, traverser le feu aux troupeaux : aux porcs d'abord, puis aux vaches et enfin aux chevaux. Les bergers conduisirent ensuite les bêtes aux pâturages, et ceux dont la foi à l'efficacité du feu de misère était particulièrement solide emportèrent chez eux des tisons.

Dans un village voisin de Quedlimbourg, dans les montagnes du Harz, on décida de faire passer un troupeau de porcs malades à travers le feu de misère. Apprenant cette nouvelle, le surintendant de Quedlimbourg se rendit en hâte sur les lieux, et il nous a laissé une description de la cérémonie. Les bedeaux allèrent de maison en maison s'assurer qu'il n'y avait de feu nulle part; car on sait bien que si la moindre flamme brûlait dans une maison, le feu de misère ne pourrait pas s'allumer. Les hommes firent une ronde, de très bonne heure le matin, pour bien s'assurer que tout était éteint. A deux heures, une veilleuse encore subsistait chez le pasteur, et c'était là quelque chose qui empêchait d'allumer le feu de misère. Les paysans frappèrent à la fenêtre et demandèrent instamment qu'on voulût bien éteindre la veilleuse. La femme du pasteur refusa et la lumière continua de briller à la fenêtre; au dehors, dans l'obscurité, les paysans en colère souhaitaient que les porcs du pasteur ne profitassent point du feu de misère. Cependant le sort voulut que, juste comme le matin apparaissait, la lumière s'éteignît d'elle-même; tous les espoirs furent ranimés. De toutes les maisons, on s'empressa de porter vers le feu des tas de paille, d'étoupe et des fagots. Le bruit et le gai remue-ménage étaient tels qu'on aurait pu croire que tous couraient assister à une exécution capitale. Hors du village, entre deux murs de jardin, on avait enfoncé dans la terre un poteau en bois de chêne et on l'avait percé d'un trou. On inséra dans le trou une manivelle en bois, enduite de goudron, et on la fit tourner avec une force et une rapidité telles que l'on vit bientôt jaillir du feu et de la fumée. On jeta alors sur le feu toutes les matières inflammables dont on disposait et bientôt on eut une grande flamme. On rassembla alors les porcs d'un côté de la rue. Dès qu'ils virent le feu, ils rebroussèrent chemin; mais les paysans les chassèrent à travers les flammes à coups de fouet et à grands cris. De l'autre côté de la rue, il y avait une autre troupe qui fit rebrousser chemin aux animaux et leur fit traverser le feu une seconde fois. Le premier groupe répéta la manœuvre, et, pour la troisième fois, les porcs affrontèrent la fumée et les flammes. Ce fut la fin de la cérémonie. Bien des porcs furent si sérieusement brûlés qu'ils en rendirent l'âme. On dispersa les restes du feu; chaque paysan emporta chez lui un tison qu'il lava dans son tonneau d'eau et qu'il conserva quelque temps, comme un trésor de grand prix, dans la crèche de ses bêtes. Mais la femme du pasteur dut se repentir amèrement de son refus insensé d'éteindre sa veilleuse : aucun de ses porcs n'ayant passé à travers le feu de misère, ils moururent tous.

BAGUETTES DIVINATOIRES

Beaucoup de gens se sont imaginés qu'une branche de coudrier coupée la veille de la Saint-Jean leur servirait de baguette divinatoire pour découvrir des trésors et de l'eau. On dit souvent que si l'on veut se procurer la baguette mystique, il faut aller vers le coudrier, de nuit, la veille de la Saint-Jean, en marchant à reculons; arrivé à l'arbuste, il faut passer, sans faire de bruit, ses mains entre ses jambes, et couper un bâton ayant la forme d'une fourche; ce bâton sera la baguette divinatoire et servira à découvrir les trésors enfouis dans le sol. Si vous avez des doutes sur la qualité de la baguette, vous n'avez qu'à la tenir quelque temps dans l'eau; la vraie baguette divinatoire y poussera des cris aigus comme ceux d'un porc, mais la fausse, elle, restera muette. Il faut couper la baguette de coudrier entre onze heures et minuit la nuit de la Saint-Jean; elle vous permet de découvrir, non seulement des veines de métal et des sources souterraines, mais aussi des voleurs, des assassins et des chemins inconnus. Il faut dire, en la coupant : « Dieu te salue, noble rameau ! Je te supplie, baguette, par les puissances suprêmes, de me montrer ce que je t'ordonne ». A Berlin et dans le voisinage, on dit que, tous les sept ans, il pousse sur un coudrier une branche merveilleuse, qui est la baguette divinatoire. Seul un enfant né un dimanche et élevé dans la vraie foi peut la trouver la nuit de la Saint-Jean; par elle, tous les trésors de la terre lui sont révélés. Dans le Tyrol, il faut couper la baguette divinatoire à la nouvelle lune, soit à la Saint-Jean, soit la Nuit des Rois. Quand vous l'avez coupée, vous la baptisez du nom de l'un des trois rois mages, selon l'usage que vous voulez en faire; si la baguette doit découvrir de l'or, vous l'appelez Gaspard; si elle doit révéler de l'argent, Balthasar; si enfin elle doit vous indiquer l'emplacement de sources cachées, donnez-lui le nom de Melchior.

LE BÉBÉ DANS LE PANIER DE VANNAGE

A Java, il est — ou il était naguère — d'usage de placer tout nouveau-né dans un panier en bambou semblable au tamis ou panier de vannage que les paysans javanais emploient pour séparer le riz de la balle qui l'enveloppe. C'est la nourrice qui place l'enfant dans le panier; ce faisant, elle frappe de la paume des deux mains sur le panier pour que l'enfant ne soit pas timide et craintif. Puis elle adresse la parole à l'enfant en ces termes : « Ne pleure pas, car Njai-Among et Kaki-Among [deux esprits] veillent sur toi ». Elle se tourne ensuite vers ces deux esprits, et leur dit : « Ne portez pas votre petit enfant sur la route, de peur qu'un cheval ne l'écrase; ne le portez pas sur le bord de la rivière, de peur qu'il ne tombe dans l'eau. » On dit que la cérémonie a pour objet de protéger l'enfant en tout temps et en tout lieu. Lors du premier anniversaire de la naissance d'un enfant, les Chinois de Fou-Tchéou placent le bébé dans un grand tamis en bambou, du genre de ceux que les paysans emploient pour vanner le blé, et, dans ce tamis, ils placent, avec l'enfant, toutes sortes d'objets, des fruits, des ornements d'or et d'argent, des balances de changeur, des livres, un crayon, une plume, de l'encre, du papier, etc. ; ils tirent des pronostics sur la carrière future de l'enfant de l'objet qu'il saisit le premier. Par exemple, si l'enfant saisit d'abord les balances, il sera riche; s'il saisit un livre, il sera savant, et ainsi de suite. Dans le district de Bilaspore, dans l'Inde, il est d'usage, chez les familles aisées, de placer un enfant nouveau-né dans un van plein de riz, et ensuite de donner le riz à sa nourrice. Dans la Haute-Egypte, on place immédiatement l'enfant qui vient de naître sur un tamis à blé et on répand du blé tout autour; en outre, le septième jour après la naissance, on porte l'enfant, sur un tamis, par toute la maison, et la nourrice répand à son passage du blé, de l'orge, des pois et du sel. L'objet de ces cérémonies est, dit-on, d'éloigner de l'enfant les mauvais esprits. C'est le même motif qu'invoquent d'autres peuples pour expliquer leur pratique de placer des nouveaux-nés dans un panier de vannage ou un tamis à blé. Dans le Penjab, par exemple, quand plusieurs enfants d'une même famille sont morts successivement, on met quelquefois le nouveau-né dans un vieux van avec les balayures de la maison, et on le traîne ainsi jusque dans la cour; il arrive que cet enfant, à l'instar de Dionysos, reçoive ensuite le nom de Van ou qu'il s'appelle le Traîné. Le but de cette coutume paraît être de sauver la vie de l'enfant en trompant les esprits qui ont ravi, croit-on, ses frères et sœurs aînés ; ces êtres méchants guettent le nouveau-né, mais jamais il ne leur viendra à l'idée d'aller le chercher dans les balayures, car c'est bien là le dernier endroit où ils s'attendraient à trouver l'espoir de la famille.

TOUPIES ET MASCARADES

Pendant les jours de réclusion et de repos que leur imposent les fêtes des semailles, les Kayans passent leur temps à diverses occupations qui, si elles paraissent au premier abord n'avoir d'autre but que leur divertissement, ont en réalité, pour ces peuples, une signification beaucoup plus profonde. Les hommes, par exemple, jouent très souvent alors à la toupie. Leurs toupies sont des morceaux de bois lisses et plats qui pèsent plusieurs livres. Chacun essaye de lancer sa toupie de façon à ce qu'elle frappe et renverse celles de ses voisins, tandis qu'elle continue à tourner triomphalement. On taille souvent des toupies neuves pour la fête. Les hommes âgés emploient quelquefois de lourdes toupies en bois de fer. Chaque soir aussi, les jeunes gens s'assemblent sur l'espace libre situé devant la maison du chef et se livrent à des luttes de force et d'agilité; les femmes, de la longue galerie ou vérandah de la maison, les regardent. Un autre passe-temps populaire pendant la fête des semailles est une mascarade. Elle a généralement lieu aussi devant la maison du chef. A l'approche de la nuit, les villageois commencent à s'assembler dans la vérandah de la maison pour s'emparer des bonnes places d'où ils verront le mieux la mascarade. Tous les acteurs, dans ces cérémonies, représentent les mauvais esprits. Les hommes ont le visage caché par d'horribles masques en bois; leur corps est emmailloté dans des feuilles de bananier fendues; ils imitent ainsi le visage repoussant et le corps poilu des démons. Les jeunes femmes portent sur la tête des paniers cylindriques, qui cachent leurs traits véritables; les spectateurs ne voient que de grotesques visages humains formés par des points à l'aiguille sur des morceaux de coton blanc qui sont attachés aux paniers. Lorsqu'un voyageur hollandais assista à la cérémonie, les premiers personnages qui apparurent sur la scène furent des hommes qui portaient des masques en bois et des casques; ils étaient enveloppés dans de telles épaisseurs de feuilles de bananier qu'ils ressemblaient à des masses mouvantes de feuillage vert. Ils dansaient en silence, au son des gongs. D'autres les suivaient, qui exécutèrent des danses guerrières ; mais le poids de leur enveloppe de feuilles était tel qu'ils se fatiguèrent bientôt; ils sautaient très haut, mais sans faire entendre aucun de ces cris de guerre sauvages qui accompagnent d'ordinaire les exercices belliqueux. Quand la nuit tomba, les danses cessèrent ; elles furent remplacées par un petit drame représentant un sanglier forcé par une meute de lévriers. Le rôle du sanglier était tenu par un acteur portant un masque en bois, qui courait à quatre pattes et poussait des grognements; les chiens, représentés par des jeunes gens, grognaient, jappaient, et faisaient des bonds pour l'attraper. Les spectateurs prenaient à la pièce un grand intérêt et poussaient maint éclat de rire. Plus tard dans la soirée, huit jeunes filles déguisées dansèrent, l'une derrière l'autre, à pas lents et en balançant les bras, dans la lumière tremblotante des torches et au son d'une sorte de guimbarde.

BALANÇOIRES, JEU DE LA SCIE ET CHANSONS

Pour se procurer d'abondantes récoltes de taro et d'ignames, plantes qui constituent leur principale nourriture, les Kais ont recours à bien des pratiques superstitieuses. C'est ainsi que, pour permettre aux ignames d'avoir de profondes racines, ils touchent les rejets de la plante avec l'os d'un animal sauvage qui a été tué dans les recoins d'une cave; ils s'imaginent que, de même que la bête avait pénétré profondément dans la terre, ainsi les tiges que son os aura touchées descendront profondément dans le sol. Pour que le taro puisse porter des fruits gros et lourds, ils placent les tiges, avant de les planter, sur une grosse et lourde pierre; ils croient que la pierre communiquera ainsi au fruit à venir ses précieuses qualités de dimension et de poids. Ils font en outre une grande consommation de charmes et d'incantations pour faire croître les récoltes; tous ceux qui prononcent dans cette intention des formules magiques doivent s'abstenir de consommer certains aliments, jusqu'à ce que les plantes aient germé et donné des promesses de fournir une bonne récolte. Par exemple, il leur est défendu de manger de jeunes pousses de bambou, un des mets les plus recherchés chez ce peuple. La raison en est que les jeunes pousses sont couvertes de très fines épines, qui produisent des démangeaisons et des irritations de la peau; les Kais en concluent que si un enchanteur venait à manger des pousses de bambou, la contagion de leurs épines se transmettrait, par son intermédiaire, aux fruits et se manifesterait par une saveur piquante et désagréable. Pour une raison analogue, nul charmeur de récoltes qui connaît son métier ne songerait à manger des crabes ; il sait trop bien que, s'il en consommait, les feuilles et les tiges des plantes seraient déchiquetées par une pluie battante, et deviendraient exactement semblables aux longues pattes, minces et fragiles, d'un crabe mort. De même, si un enchanteur venait à manger des sauterelles (dont certaines espèces sont comestibles), il paraît évident aux Kais que les sauterelles dévoreraient les récoltes sur lesquelles l'imprudent magicien aurait récité ses incantations. Surtout enfin, les gens qui travaillent la terre ne doivent, sous aucun prétexte, manger du porc ; car les porcs, sauvages ou domestiques, sont les plus mortels ennemis des récoltes, qu'ils déterrent et détruisent ; il s'ensuit, aussi inévitablement que la nuit suit le jour, que si vous mangez du porc pendant que vous travaillez aux champs, vos cultures seront saccagées par les incursions de porcs.

Ces précautions ne sont cependant pas les seules mesures que les Kais adoptent pour faire prospérer les ignames et le taro. De l'avis des indigènes, certains jeux variés sont essentiels à la prospérité des vergers; aussi ne peut-on se livrer à ces jeux que lorsque le travail dans les champs est terminé. On croit, par exemple, que se balancer au bout d'un long roseau espagnol attaché à une branche d'arbre a un excellent effet sur les ignames nouvellement plantées. Aussi tous, jeunes et vieux, se livrent-ils à ce genre de balançoire. Nul de ceux qui s'intéressent à la croissance de leurs récoltes ne néglige ce moyen. Tout en se balançant, ils chantent des chansons appropriées. Ces chansons renferment souvent le nom des ignames qu'ils ont plantées, et aussi le joyeux cri de la moisson, répété avec des variantes : « J'ai trouvé un beau fruit ! » En descendant de la balançoire, ils s'écrient : « Kakulili. » En prononçant à haute voix le nom des ignames, ils croient attirer leurs tiges hors du sol. Ils ont aussi un petit arc, muni d'une ficelle, sur laquelle ils font glisser un drapeau en bois décoré d'une plume; mais ils ne doivent s'en servir que quand les ignames commencent à s'enrouler autour de leurs tuteurs. Ils touchent alors les tendres tiges avec cet arc, en chantant une chanson que l'on répète ensuite souvent dans le village. Leur but est de faire pousser les plantes avec vigueur et rapidité. Pour que le feuillage des ignames pousse luxuriant et vert, les Kais jouent au jeu de la scie [berceau du chat]. Chacune des figures compliquées a une signification précise et un nom correspondant à son sens, par exemple, « Le Vol de Pigeons », « l'Etoile », « le Renard Ailé », « L'Eventail en Palme de Sagoutier », « Le Lézard et le Chien », « Le Porc », « la Guérite des Champs », « le Nid du Rat », « le Nid de la Guêpe dans le fourré de bambous », « le Kangourou », « la Toile d'Araignée », « les Petits Enfants », « Le Canot », « Pluie et Soleil », « la Trappe au Cochon », « le Frai de Poisson », « les Deux Cousins ». En faisant virer de gros glands du pays ou une espèce de figue sauvage, ils s'imaginent faire pousser plus vite le taro nouvellement planté; les plantes « tourneront et grossiront. » Il ne faut donc jouer à ce jeu que lorsque le taro est planté. Il en est de même de leur jeu qui consiste à percer à coups de lance les tiges de taro, en employant les côtes des feuilles de sagou comme lances en miniature. Ils se livrent à ce dernier exercice quand les feuilles de taro se sont dépliées, mais alors que les plantes n'ont pas encore leurs tubercules. Ils coupent une seule feuille pour un grand nombre de plants, et ils apportent ces feuilles dans le village. Deux partenaires jouent à ce jeu, qui s'asseyent en face l'un de l'autre à une distance de trois ou quatre pas. Chacun a, à son côté, un certain nombre de tiges de taro. Celui qui réussit à percer le premier toutes celles de son adversaire est le vainqueur; ils changent alors de tiges et le jeu recommence. En perçant les feuilles, ils s'imaginent qu'ils contribuent à faire pousser les tubercules. Plus remarquable, peut-être, encore que la défense de jouer à ces jeux en dehors de l'époque où le travail se fait aux champs est la coutume des Kais, qui défend de raconter d'autres histoires que celles du temps passé et les contes populaires lorsque les récoltes nouvellement plantées commencent à germer. A la fin de chacune de ces histoires, le conteur cite le nom des diverses sortes d'ignames et ajoute : « Germes (à planter) et fruits (à manger) en abondance ! » D'après les mots qui les terminent, nous voyons que ces légendes des Kais ont un but précis, à savoir faire croître les ignames plantées dans les champs. En faisant revivre le souvenir des êtres anciens, à qui ils attribuent l'origine de leurs récoltes, ils s'imaginent qu'ils exercent une heureuse et bienfaisante influence sur la croissance de ces végétaux. Quand tout est planté, et surtout quand les jeunes tiges commencent à pousser, on cesse de raconter des légendes. Dans les villages, il n'y a que quelques vieillards capables, en bons conteurs, de retenir l'attention de ceux qui les écoutent ».

Jeux en l'Honneur de Guerriers morts

Les Grecs établissaient quelquefois des jeux pour perpétuer la mémoire ou pour apaiser les ombres de grands nombres d'hommes qui avaient péri sur le champ de bataille ou avaient été massacrés de sang froid. Quand les Carthaginois et les Tyrrhéniens alliés eurent défait les Phocéens dans un combat naval, ils débarquèrent leurs prisonniers près d'Agylla, en Etrurie, et les tuèrent tous à coups de pierre. Après ce massacre, toutes les fois que les gens d'Agylla, ou leurs bœufs, ou leurs moutons passaient près de ce lieu, ils étaient pris d'une étrange maladie, qui leur tordait le corps et les privait de l'usage de leurs membres. Ils consultèrent alors l'oracle de Delphes, et la prêtresse leur dit qu'ils devaient offrir de grands sacrifices aux Phocéens défunts et instituer en leur honneur des jeux équestres et athlétiques, sans nul doute pour apaiser les fantômes irrités des victimes, d'où, supposait-on, venait tout le mal. A Platée, jusqu'au second siècle de l'ère chrétienne, on pouvait voir les tombes des guerriers tombés dans la grande bataille contre les Perses. On leur offrait chaque année des sacrifices en grande solennité. Le principal magistrat de la ville, vêtu d'une robe de pourpre, lavait de ses propres mains les tombes et les oignait d'une huile parfumée. Il immolait un taureau noir sur un bûcher en flammes et invoquait les guerriers morts pour qu'ils vinssent participer au banquet et goûter le sang. Puis il remplissait un bol de vin et disait en versant une libation : « Je bois à ceux qui sont morts pour la liberté de la Grèce. »

JEUX QUI REVÊTENT LE CARACTÈRE D'UNE GRANDE FOIRE

Il semble que de nombreux peuples aient eu l'habitude de célébrer des jeux et des courses de chevaux en l'honneur des morts; puisque les anciens Grecs l'ont certainement fait, à l'époque historique, pour des hommes dont l'existence est à peu près aussi certaine que celle de Wellington ou de Napoléon, nous ne pouvons rejeter, comme invraisemblable, la tradition suivant laquelle les jeux olympiques et peut-être d'autres jeux grecs célèbres furent institués pour commémorer des hommes qui, ayant réellement vécu, étaient morts, et avaient été enterrés à l'endroit où se tenaient ensuite les fêtes. Lorsque la personne ainsi commémorée avait été grande et puissante de son vivant, son ombre passait après sa mort pour être grande et puissante, et il est naturel que les jeux célébrés en son honneur aient attiré des foules de spectateurs. La nécessité de fournir vivres et logements à la multitude qui s'assemblait en ces occasions attirait à son tour un grand nombre de commerçants; ce qui, à l'origine, avait été une cérémonie religieuse et solennelle revêtait alors de plus en plus le caractère d'une foire, c'est-à-dire d'un grand concours de peuple attiré surtout par l'attrait de faire du commerce et s'amuser. Cette théorie pourrait expliquer, non seulement les jeux olympiques et autres jeux grecs, mais aussi certaines grandes foires ou assemblées publiques de l'Irlande ancienne, que l'on a comparées, non sans raison, aux jeux grecs. On dit même que les deux plus fameuses de ces fêtes irlandaises, dont les courses de chevaux formaient un des éléments essentiels, avaient été instituées en l'honneur des morts. La plus célèbre de toutes était la foire de Tailltiu ou Tailltin; elle avait lieu dans une ville du comté de Meath que l'on appelle aujourd'hui Teltown, sur le Blackwater, à mi-chemin entre Navan et Kells. La fête durait un mois, quinze jours avant le premier août et quinze jours après. Parmi les sports et les luttes qui composaient

surtout la fête, les courses de chevaux tenaient
le premier rang. Mais le commerce avait aussi
ses droits; parmi les marchandises apportées
sur le marché, il y avait des femmes à marier;
selon une tradition qui a survécu jusqu'au
XIXe siècle, on les achetait et on les vendait
comme épouses pour un an. Les paysans vous
montrent encore le lieu précis où ces mariages
se faisaient; ils l'appellent « Le Creux du Mariage ». Des foules de gens accouraient à cette
foire, venant de tous les coins de l'Irlande,
et même de l'Ecosse; un document officiel rapporte que, en l'année 1169, les chevaux et les
véhicules à eux seuls, sans compter les gens
à pied, s'étendaient sur une ligne continue de
plus de dix kilomètres, depuis Tailltin jusqu'à
Mullach-Aiti, aujourd'hui les collines de Lloyd,
près de Kells. Les historiens irlandais racontent que la foire de Tailltin avait été instituée
par Luc en l'honneur de sa mère nourricière
Tailltiu, qu'il enterra sous un grand tertre
funéraire à cet endroit, en ordonnant de célébrer chaque année, et à jamais, une fête com-
mémorative avec des jeux et des sports. L'autre
grande foire de l'ancienne Irlande ne se tenait
qu'une fois tous les trois ans à Carman, aujourd'hui Wexford, dans le comté de Leinster.
Elle commençait le premier août et durait six

jours. Une course de chevaux avait lieu chaque jour de la fête. En différents endroits, sur le gazon, on voyait des marchés séparés de provisions, de bestiaux et de chevaux, et aussi d'or et de matières précieuses. Des musiciens jouaient de la harpe et de la flûte pour distraire les foules; en d'autres endroits de la foire, des bardes récitaient aux auditeurs enthousiasmés d'anciennes histoires romanesques d'incursions et de raids, de batailles et de meurtres, d'amour et de mariage. Des prix récompensaient ceux qu'on jugeait les meilleurs dans chaque art. Dans le livre de Ballymote, on dit que la foire de Carman ou Garman fut fondée pour satisfaire au vœu prononcé à sa mort par un chef du nom de Garman, qui fut enterré à cet endroit; il avait demandé qu'une foire de deuil fût instituée pour lui et portât éternellement son nom. « Cette institution passait pour avoir une grande importance; de nombreuses récompenses étaient promises aux hommes du Leinster qui célébraient la foire et les jeux traditionnels; ils devaient avoir du blé, du lait et des fruits en abondance, beaucoup de poissons dans leurs lacs et leurs rivières, la prospérité à leur foyer, et ne pas être soumis à une autre province. Au contraire, s'ils négligeaient cette institution, ils devaient craindre l'échec de leurs entreprises, et eux comme leurs rois vieilliraient prématurément. »

———

Enfants de la Lune et Étoiles filantes

Certains Indiens de la Californie appelaient les météores « les enfants de la lune »; dès que des jeunes femmes en voyaient un, elles s'affaissaient sur le sol et se couvraient la tête, dans la crainte que, si le météore les voyait, leur visage ne devînt laid et ne fût la proie de maladies. Les Tarahumares du Mexique s'imaginent qu'une étoile filante est un sorcier défunt venu pour se venger d'un homme qui lui a fait du mal pendant sa vie. Aussi, quand ils en voient une, ils s'attroupent en hâte et poussent de perçants cris de frayeur. Pendant qu'un voyageur allemand vivait chez les Borodos du Brésil central, un splendide météore tomba, qui répandit la terreur dans tout le village indien. C'était, croyait-on, l'âme d'un homme-médecine mort, qui apparaissait tout à coup sous cette forme pour annoncer qu'il voulait manger; comme mesure préliminaire, il se proposait d'infliger à quelqu'un une attaque de dysenterie. Des centaines de bouches saluèrent son apparition de leurs cris; des hommes, des femmes et des enfants se précipitèrent en foule hors de leurs cabanes, comme des fourmis qu'on aurait attaquées dans leurs trous ; des feux flambèrent bientôt de tous côtés ; autour de ces feux, à quelque distance, se rassemblaient des groupes de silhouettes noires ; au milieu, se détachant sur la lueur tremblotante des flammes, deux sorciers peints en rouge chancelaient et vacillaient, dans un état d'excitation furieuse, poussaient des grognements et crachaient vers la partie du ciel où le météore avait passé dans sa courte, mais éclatante carrière. Chacun d'eux, portant la main droite à sa bouche hurlante, tenait de la main gauche tendue en l'air un paquet de cigarettes ; c'était là un moyen de se rendre propice l'astre en courroux. « Voilà », semblaient-ils dire, « nous donnerons tout ce tabac pour écarter la visite menaçante. Malheur à toi, si tu ne nous laisses pas en paix. »

LE ROI CLOCHE-PIED

Au Siam, le sixième jour de la lune du sixième mois (fin d'avril), on nomme un roi temporaire qui jouit pendant trois jours des prérogatives royales, tandis que le véritable roi reste enfermé dans son palais. Ce roi temporaire envoie dans toutes les directions ses nombreux satellites pour faire saisir et confisquer tout ce qu'ils peuvent trouver dans le bazar et les boutiques en plein vent; même les navires et les jonques qui arrivent dans le port pendant ces trois jours lui sont acquis et doivent lui être rachetés. Il se rend à un champ situé au milieu de la ville, où l'on amène une charrue dorée, traînée par des bœufs décorés de couleurs vives. La charrue est huilée, et on frotte les bœufs avec de l'encens; puis, celui qui fait le roi trace neuf sillons, suivi de dames du palais d'un certain âge qui répandent les premières semences de la saison. Aussitôt que les neuf sillons sont tracés, la foule des spectateurs se précipite et lutte pour s'emparer des graines qu'on vient de semer, dans la croyance que, mêlées au riz de semence, elles assureront une récolte abondante. On dételle alors les bœufs, et on place devant eux du riz, du maïs, du sésame, du sagou, des bananes, du sucre de canne, des melons, etc. Ce qu'ils mangeront en premier lieu sera cher, croit-on, l'année suivante; mais certains interprètent le présage dans le sens contraire. Pendant ce temps, le roi provisoire reste debout, appuyé contre un arbre, le pied droit posé sur son genou gauche. Cette attitude lui a valu le titre de *Roi Cloche-*

Pied, mais officiellement on l'appelle Phaya Phollathep, « Seigneur des Troupes célestes ». Il est une sorte de ministre de l'Agriculture ; c'est à lui qu'on s'en remet de toutes les disputes relatives aux champs, aux rizières, etc. Il y a en outre une autre cérémonie dans laquelle il personnifie le roi : elle a lieu le second mois qui se trouve être dans la saison froide, et dure trois jours. On le conduit en procession à un endroit en plein air, en face du Temple des Brahmanes, où se dressent un grand nombre de pieux affublés comme des arbres de mai, sur lesquels les brahmanes se balancent. Pendant tout le temps qu'ils se balancent et qu'ils dansent, le « Seigneur des Troupes célestes », debout sur un pied, se tient sur un siège fait de briques recouvertes de plâtre, drapé d'étoffe blanche et tendu de tapisseries. Un châssis en bois surmonté d'un dais doré soutient le faux monarque, et deux brahmanes se tiennent à ses côtés. Les brahmanes dansent et portent des cornes de buffle avec lesquelles ils puisent de l'eau dans un gros chaudron en cuivre et la répandent sur les spectateurs ; ceci est supposé porter bonheur, permettre au peuple de vivre dans la paix, le calme, la santé et la prospérité. « Le Seigneur des Troupes célestes » est obligé de rester debout à cloche-pied pendant environ trois heures ; cela, croit-on, « mettra à l'épreuve les dispositions des Devattas et des esprits ». S'il pose à terre son pied droit, « il peut perdre ses biens et voir sa famille devenir esclave du roi ; car c'est là un mauvais présage, annonçant pour l'état la destruction, et pour le trône l'instabilité. Mais, si le personnage reste solide au poste, il remporte, croit-on, une victoire sur les esprits du mal, et il a, en outre, la prérogative, au moins en apparence, de saisir tout vaisseau qui peut entrer dans le port pendant ces trois jours, et de s'emparer de sa marchandise, ainsi que d'entrer dans n'importe quelle boutique de la ville et d'emporter ce qu'il veut. »

LA MARCHE A TRAVERS LE FEU

Dans l'île de Mbengga, une fois par an, la *dracaena*, plante qui pousse en abondance sur les côteaux couverts de gazon, arrive à maturité, et livre le sucre que contient sa racine fibreuse. Pour rendre ces racines comestibles, il faut les faire cuire pendant quatre jours en les plaçant parmi des pierres chaudes. On creuse donc une grande fosse, qu'on emplit de grosses pierres et de bûches enflammées ; quand les flammes ne sont plus très hautes et quand les pierres sont chauffées à blanc, le four est prêt à recevoir les racines. A ce moment, les membres d'un certain clan appelé Na Ivilankata, favorisé des dieux, sautent dans le four et marchent, sans ressentir aucun malaise, sur les pierres très chaudes, qui brûleraient les pieds de toute autre personne. Des Européens assistèrent une fois à la cérémonie; ils virent quinze hommes de ce clan, vêtus de guirlandes et de franges, passer indemnes à travers ce foyer, où des langues de feu se jouaient encore parmi les pierres brûlantes. Le trou avait environ six mètres de large, et les hommes en faisaient tout le tour, et mettaient fermement leurs pieds à plat sur chaque pierre. Lorsqu'ils sortirent du trou, on examina les pieds de plusieurs d'entre eux et on ne vit nulle trace de brûlure; les anneaux en feuilles de fougère desséchées qu'ils portaient autour de la cheville n'étaient pas non plus brûlés. L'immunité dont jouissent ainsi les membres de ce clan est expliquée par la légende suivant laquelle, autrefois, un chef de clan reçut pour lui et ses descendants ce privilège remarquable d'un certain dieu, qu'il avait accidentellement retiré, par les cheveux, d'un étang profond.

Maraké

Dans une tribu d'Indiens du nord du Brésil, sur les frontières de la Guyane, les jeunes gens qui sont candidats au mariage doivent se laisser piquer sur tout le corps, non seulement par des fourmis, mais aussi par des guêpes, qu'on applique sur leur corps mis à nu dans de curieux instruments en treillis qui ont la forme de quadrupèdes ou d'oiseaux fantastiques. Le patient s'évanouit régulièrement; on le porte à son hamac comme s'il était mort, et on l'y attache avec des cordes très serrées. Quand il revient à lui, il se tord de douleur, si bien que les hamacs se balancent violemment deci et delà, et font trembler la hutte comme si elle allait s'écrouler. Les Indiens appellent cette terrible ordalie un *maraké*.

Une tribu indienne de la Guyane française pratique aussi la même ordalie, et sous le même nom; mais elle ne la considère plus, nous dit-on, comme un préliminaire indispensable du mariage; « c'est plutôt une sorte de remède national, administré surtout aux jeunes gens des deux sexes. » Le *maraké*, appliqué aux hommes, « les dégourdit, les empêche d'être paresseux et lourds, les rend actifs, vifs, empressés, leur donne de la force, et leur permet de bien tirer de l'arc ; sans ce remède, les Indiens seraient toujours négligents et maladifs, un peu fiévreux, et resteraient perpétuellement couchés dans leurs hamacs. Quant aux femmes, le *maraké* les empêche de s'assoupir, les rend actives, alertes, vives, leur donne de la force et du goût pour le travail, en fait de bonnes travailleuses et de bonnes maîtresses de maison. Chacun subit le *maraké* au moins deux fois dans sa vie, quelquefois trois, et plus souvent si le cœur lui en dit. On peut se soumettre à cette épreuve à partir de l'âge de huit ans, et nul ne considère comme bizarre qu'un homme de quarante ans la subisse volontairement ». De même, les Indiens de Saint-Jean Capistrano, en Californie, se faisaient marquer au fer rouge sur une partie du corps, en général sur le bras droit, mais quelquefois aussi sur la jambe, non comme marque de courage viril, mais parce que cet usage, croyaient-ils, donnait plus de force à leur corps et leur permettait de mieux diriger leur arc. On les frappait ensuite avec des orties et on les couvrait de fourmis, pour les rendre robustes ; ceci avait toujours lieu en été, pendant les mois d'août et de septembre, où les orties étaient le plus enflammées. Ils en ramassaient de petits bouquets, qu'ils liaient, et le pauvre Indien, fort de ses illusions, se voyait châtié à coups d'orties sur ses membres nus, jusqu'à ce qu'il fût incapable de marcher; on le portait alors jusqu'au repaire de la plus cruelle espèce de fourmis, on le déposait parmi ces insectes, que certains de ses amis ne cessaient d'agacer avec des bâtons, pour accroître encore leur violence. Quels tourments ne souffraient-ils pas ! Quelles douleurs ! Et quelles blessures terribles ! Leur foi, pourtant, leur donnait la force de tout endurer sans un murmure, sans plus bouger que des morts. Quand ils avaient subi ces terribles épreuves, ils étaient considérés comme invulnérables, et ils croyaient que les flèches de leurs ennemis ne pourraient plus jamais les blesser.

Fêtes de l'Ours

Vers la fin de l'hiver, les Aïnos attrapent un petit ours qu'on apporte dans le village. S'il est tout petit, une femme le fait téter ; s'il n'y a point de femme en mesure de le faire, on sèvre l'animal et on lui met les aliments dans la bouche. Pendant le jour, il joue dans la hutte avec les enfants et il est traité avec grande affection. Mais quand il devient assez fort pour faire du mal aux gens

en les serrant dans ses pattes ou en les égra-
tignant, on l'enferme dans une très forte cage
en bois; il y reste en général deux ou trois ans;
on l'y nourrit de poisson ou de bouillie de
millet, jusqu'à ce que le moment soit venu de
le tuer et de le manger. Mais, « et c'est là un fait
très frappant, l'on ne garde pas seulement le
petit ours pour fournir un bon repas, on le
considère au contraire et on l'honore comme un
fétiche, ou même comme une sorte de créature
supérieure ». A Yéso, on célèbre généralement
la fête en septembre ou en octobre. Avant
son début, les Aïnos offrent des excuses à leurs
dieux; ils expliquent qu'ils ont traité l'ours
avec bonté dans la mesure du possible; maintenant ils ne peuvent plus le nourrir, et sont
obligés de le tuer. Un homme qui donne un
banquet d'ours invite ses parents et amis; dans
un petit village, presque toute la communauté
y prend part; on a même des invités de villages
éloignés, qui viennent, en général, attirés par
la perspective de s'enivrer sans qu'il leur en
coûte rien. L'invitation est faite à peu près sous
cette forme :« Je vais, moi, un tel, sacrifier la
chère petite créature divine qui réside dans
les montagnes. Mes amis et maîtres, venez à la
fête; nous nous unirons dans le grand plaisir
de renvoyer le dieu. Venez. » Quand tout le

monde s'est réuni devant la cage, un orateur, choisi exprès, s'adresse à l'ours et lui dit qu'on va l'expédier vers ses ancêtres. Il lui demande pardon de ce qu'on va lui faire, espère qu'il ne se mettra pas en colère, et le réconforte en l'assurant qu'on enverra avec lui, pour le long voyage, des baguettes tailladées et beaucoup de gâteaux et de vin. Un discours de ce genre, qu'entendit J. Batchelor, s'exprimait ainsi : « O toi, être divin, tu as été envoyé dans le monde pour que nous te chassions. O précieuse petite divinité, nous t'adorons; entends, je t'en supplie, notre prière. Nous t'avons nourri et élevé avec mille peines et soins parce que nous t'aimons tant. Maintenant, comme tu es devenu gros, nous allons t'envoyer vers ton père et ta mère. Quand tu les rejoindras, dis-leur du bien de nous, nous t'en prions, et raconte leur combien nous avons été bons pour toi ; reviens à nous et nous te sacrifierons. » On attache alors le fauve avec des cordes et on le laisse sortir de la cage; puis on fait pleuvoir sur lui des flèches à pointe émoussée pour le mettre en furie. Quand il s'est dépensé en vains efforts, on l'attache à un pieu, on le bâillonne, et on l'étrangle en lui plaçant le cou entre deux poteaux, que l'on serre alors avec violence; chacun aide à écraser à mort l'animal. Un bon archer tire aussi une flèche dans le cœur de la bête, mais de façon à ne pas faire couler de sang par terre ; cela porterait malheur. Cependant, on boit quelquefois le sang chaud de l'ours « pour que le courage et les autres qualités qu'il possède passent en celui qui le boit » ; et, quelquefois, les hommes se barbouillent le corps et les vêtements avec ce sang, pour s'assurer le succès à la chasse ; Quand on a étranglé et tué l'animal, on l'écorche, on lui coupe la tête, qu'on place à la fenêtre orientale de la maison ; on lui met sous le museau un morceau de sa propre chair avec une tasse contenant de sa chair bouillie, des boudins de millet et du poisson sec. On adresse alors des prières au fauve défunt ; entre autres choses, on l'invite quelquefois à revenir sur terre après être allé chez son père et sa mère, pour qu'on l'élève de façon à le sacrifier de nouveau. Quand on suppose que l'ours a fini de manger sa propre chair, l'homme qui préside au repas prend la tasse qui contient la viande bouillie, la salue, et en partage le contenu entre tous les assistants ; chacun, vieux ou jeune, doit en goûter un peu. On appelle la tasse « tasse de l'offrande », parce qu'on vient de l'offrir à l'ours mort. Quand le reste de la chair est cuit, on le distribue entre tous les membres présents ; chacun en mange au moins un morceau ; n'avoir point part au repas serait l'équivalent d'une excommunication ; ce serait écarter l'apostat du giron de la communauté des Aïnos. Autrefois, il fallait manger l'ours, au banquet, jusqu'à la dernière miette, sauf les os, mais cette règle s'est maintenant relâchée. Quand on détache la tête de la peau, on la fixe sur un long poteau, à côté des baguettes sacrées à l'extérieur de la maison, et on l'y laisse jusqu'à ce que rien n'en reste que le crâne nu et blanc. On adore les crânes ainsi dressés sur ces poteaux non seulement au moment de la fête, mais, souvent, aussi longtemps qu'ils existent. Les Aïnos déclarent qu'ils croient réellement que les esprits de ces animaux adorés sont logés dans les crânes ; c'est pourquoi ils adressent leurs prières à ces boîtes osseuses sous les vocables de « sauveurs divins » et de « précieuses divinités ».

Un voyageur raconte comment, en entrant dans une hutte, il trouva environ cent Aïnos assemblés, hommes, femmes et enfants, tous revêtus de leurs plus beaux habits. Le maître de la maison offrit d'abord sur le foyer une libation au dieu du feu, et les hôtes suivirent son exemple. Pendant ce temps, la maîtresse de maison, qui avait élevé l'ours, était assise toute seule, silencieuse et triste, et fondait en larmes de temps à autre. Il était évident que sa douleur n'était pas feinte, et qu'elle augmentait à mesure que la fête avançait. Puis, le maître de la maison et quelques-uns des invités sortirent pour faire des libations devant la cage de l'ours. On offrit quelques gouttes à l'ours dans une soucoupe qu'il renversa aussitôt. Les femmes et les jeunes filles se mirent alors à danser en rond autour de la cage, les genoux légèrement fléchis, en se soulevant et sautillant sur le bout des pieds. Tout en dansant, elles battaient des mains et chantaient un air monotone. La maîtresse de maison et quelques vieilles femmes, qui avaient peut-être élevé plusieurs ours, dansaient en versant des larmes, tendaient leurs bras vers l'animal et lui parlaient en termes d'affection. Les jeunes gens étaient moins émus; ils riaient tout autant qu'ils chantaient. Dérangé par le bruit, l'ours commença à se précipiter de tous côtés dans sa cage et à hurler à faire pitié. On offrit alors des libations aux baguettes sacrées qui s'élèvent au dehors de la hutte d'un Aïno. Ces baguettes ont environ soixante centimètres de haut, et sont taillées au sommet de façon à former des copeaux en spirale. On avait dressé, pour la fête, cinq nouvelles baguettes avec les feuilles de bambou qui leur étaient attachées. On fait régulièrement ceci quand on tue un ours; les feuilles veulent dire que l'animal peut revenir à la vie. On laissa alors sortir l'ours de sa cage, on lui lança une corde autour du cou, et on le fit circuler dans le voisinage de la hutte. Pendant ce temps, les hommes, un chef à leur tête, tiraient sur la bête avec des flèches garnies à la pointe de boutons en bois. On amena alors l'ours devant les baguettes sacrées, on lui passa un bâton dans la bouche, et neuf hommes se mirent à genoux sur lui et lui pressèrent le cou contre une poutre. En cinq minutes, l'animal expira sans pousser un cri. Pendant ce temps, les femmes et les jeunes filles avaient pris place derrière les hommes, et elles dansaient, se lamentaient, et frappaient les hommes qui tuaient l'ours. On plaça ensuite la carcasse de l'ours sur la natte, devant les baguettes sacrées, et on suspendit autour du cou de la bête une épée et un carquois, pris parmi les baguettes. Comme c'était une femelle, on la para aussi d'un collier et de boucles d'oreille. Puis on lui présenta à manger et à boire : du bouillon de millet, des gâteaux de millet, et un pot de *sake*. Les hommes s'assirent sur les nattes devant le cadavre, lui offrirent des libations, et burent généreusement. Les femmes et les jeunes filles avaient alors abandonné toute marque de douleur; elles dansaient gaiement, et les vieilles femmes étaient les plus gaies de toutes. Quand la joie atteignit son comble, deux jeunes Aïnos, qui avaient fait sortir l'ours de sa cage, montèrent sur le toit de la maison et lancèrent des gâteaux de millet au milieu de la compagnie ; tout le monde, sans distinction d'âge ou de sexe, se précipita pour les attraper.

———

ORAISON FUNÈBRE ADRESSÉE A L'OURS

On nous dit que les Aïnos de Sakhaline ne regardent pas l'ours comme un dieu, mais simplement comme un messager chargé de commissions pour le dieu de la forêt. On garde l'animal dans une cage pendant environ deux ans, puis on le tue à une fête qui a toujours lieu en hiver et le soir. Le jour qui précède le sacrifice est consacré à des lamentations ; les vieilles femmes se relèvent de faction pour pleurer et soupirer devant la cage de l'ours. Puis, vers le milieu de la nuit ou le matin de très bonne heure, un orateur adresse un long discours à l'animal, lui rappelle comment on l'a soigné, et bien nourri, et baigné dans la rivière ; comment on l'a chauffé et lui a procuré ses aises. « Maintenant », poursuit-il, « nous tenons une grande fête en ton honneur. N'aies point de crainte.

Nous ne voulons pas te faire de mal. Nous voulons seulement te tuer et t'envoyer vers le dieu de la forêt qui t'aime. Nous allons t'offrir un bon repas, le meilleur que tu aies jamais mangé chez nous, et nous pleurerons tous ensemble sur ton sort. L'Aïno qui te tuera est le meilleur chasseur d'entre nous tous. Le voilà, qui pleure et te demande pardon ; tu ne sentiras presque rien, tant ce sera vite fait. Nous ne pouvons toujours te nourrir, comme tu le comprends bien. Nous avons fait assez pour toi ; c'est maintenant à ton tour de te sacrifier pour nous. Tu demanderas à Dieu de nous envoyer, pour l'hiver, beaucoup de loutres et de martres, et, pour l'été, des phoques et du poisson en abondance. N'oublie pas nos commissions, car nous t'aimions beaucoup, et nos enfants ne t'oublieront jamais. »
Quand l'ours a mangé son dernier repas au milieu de l'émotion générale des spectateurs, les vieilles femmes pleurant de nouveau, les hommes poussant des cris étouffés, on l'attache avec des courroies, non sans peine et sans danger, on le fait sortir de la cage et on le conduit en laisse, ou on le traîne, selon l'état de son humeur, trois fois autour de la cage, puis autour de la maison de son maître, et enfin autour de la maison de l'orateur. On l'attache alors à un arbre, que l'on orne de bâtons sacrés du genre ordinaire ;

l'orateur lui recommence encore une longue harangue, qui dure quelquefois jusqu'à l'aube. « Souviens-toi », crie-t-il, « souviens-toi ! Je te rappelle toute ta vie et les services que nous t'avons rendus. C'est à toi maintenant à remplir ton devoir. N'oublie pas ce que je t'ai demandé. Tu diras aux dieux de nous donner des richesses ; tu leur demanderas que nos chasseurs reviennent de la forêt chargés de fourrures rares et d'animaux bons à manger ; que nos pêcheurs trouvent des troupes de phoques sur le rivage et dans la mer, et que leurs filets cèdent sous le poids du poisson. Tout notre espoir repose en toi. Les mauvais esprits se rient de nous, et trop souvent ils nous sont hostiles et malveillants, mais ils s'inclineront devant toi. Nous t'avons donné la nourriture, la joie et la santé ; maintenant nous te tuons pour que tu puisses nous envoyer en retour la richesse, à nous et à nos enfants. » L'ours écoute ce discours sans conviction ; il devient de plus en plus inquiet et agité, tourne lentement tout autour de l'arbre et pousse des hurlements lamentables ; puis, juste au moment où les premiers rayons du soleil levant éclairent la scène, un archer lui tire une flèche au cœur, et jette aussitôt au loin son arc et tombe à terre ; les vieillards et les vieilles femmes font de même, pleurant et sanglotant tous. Ils offrent alors à la bête morte un repas de riz et de pommes de terre sauvages ; ils lui parlent en termes émouvants ; la remercient pour ce qu'elle a fait et souffert, lui coupent la tête et les pattes, et les gardent comme des objets sacrés. Suit un banquet pour manger la chair et le sang de l'ours. Les femmes en étaient autrefois exclues, mais elles y prennent place maintenant avec les hommes. Toutes les personnes présentes boivent le sang encore chaud ; et on fait bouillir la chair, car l'usage défend de la rôtir. Et comme les restes de l'ours ne doivent pas entrer dans la maison par la porte, et que les maisons des Aïnos, à Sakhaline, n'ont pas de fenêtres, un homme monte sur le toit et laisse tomber la chair, la tête et la peau, par le trou laissé pour la fumée. C'est à la tête qu'on offre du riz et des pommes de terre, et on place, aimable attention, auprès d'elle une pipe, du tabac, et des allumettes. L'usage exige que l'animal tout entier soit mangé par les convives avant qu'ils se dispersent ; l'emploi de sel et de poivre pendant le repas est interdit ; et rien ne doit être donné aux chiens. Le banquet terminé, on emporte la tête dans les profondeurs de la forêt et on la dépose sur un tas de crânes d'ours, reliques blanchies et à demi corrompues de fêtes semblables dans le passé.

PROPITIATION DES BALEINES MORTES

Une bête redoutable dont le chasseur sauvage
ne prend la vie qu'avec une joie mêlée de crainte
et de tremblement est la baleine. Après avoir tué
une baleine, les Koryaks, peuplade marine du
nord-est de la Sibérie, tiennent une fête générale, dont la partie essentielle repose sur l'idée
que la baleine tuée est venue rendre visite au
village; qu'elle y séjourne quelque temps et y est
traitée avec grand respect; qu'elle retourne alors
à la mer, pour renouveler sa visite l'année suivante ; qu'elle persuadera à ses parents de venir
aussi, en leur parlant de la réception hospitalière
qu'on lui a faite. D'après les idées des Koryaks,
les baleines, comme tous les autres animaux,
forment une seule tribu, ou plutôt une seule
famille, d'individus apparentés, qui vivent dans
des villages comme les Koryaks. Elles vengent le
meurtre de l'une d'entre elles, et sont reconnais-
santes des amabilités qu'on peut avoir pour elles.
Un voyageur a pu assister à l'une de ces fêtes.
On avait pris une baleine blanche dans les filets;
comme la mer était gelée par endroits, il fallut
l'apporter jusqu'au rivage sur un traîneau. Lorsqu'on l'aperçut près de la côte, un grand nombre
de femmes, parées de leurs longs vêtements de

danse brodés, allèrent à sa rencontre pour lui
souhaiter la bienvenue, des tisons allumés à la
main. Porter ainsi des tisons ardents qu'on a pris
au foyer est l'antique façon de saluer un hôte
honoré, chez les Koryaks. A strictement parler,
les femmes qui vont souhaiter la bienvenue
à une baleine devraient porter des masques de
laîche sur le visage aussi bien que des vêtements
de danse sur le corps; mais, en la présente
occurrence, les femmes s'étaient dispensées d'en
mettre. Elles dansaient, en secouant la tête, en
remuant les épaules et en balançant tout leur
corps, les bras étendus, tantôt accroupies, tantôt
debout et chantant : « Ah un hôte est venu ».
Malgré le froid et le vent, la sueur dégouttait
de leur front, tant elles dansaient avec violence,
et elles s'enrouaient à force de chanter et de
crier. Quand le traîneau et sa charge eurent
atteint le rivage, l'une des femmes prononça
une incantation sur la tête de la baleine, puis lui
jeta dans la bouche des branches d'aune et de
l'herbe des sacrifices. On lui enveloppa ensuite
la tête d'un capuchon, sans doute pour l'empêcher d'assister au pénible spectacle de sa
propre dissection. Les hommes coupèrent alors
ce cadavre en morceaux, et les femmes recueil-
lirent le sang dans des seaux. On comprit aussi
dans les fêtes qui suivirent deux phoques, qu'on

venait de tuer également. On coupa les têtes de ces trois animaux et on les plaça sur le toit de la maison. La fête commença le lendemain. Le matin, les femmes tressèrent des sacs de voyage avec de l'herbe, à l'usage de la baleine, et firent des masques d'herbe. Le soir, tout le monde se réunit dans une grande maison souterraine; on plaça dans un sac d'herbe et on disposa devant l'effigie en bois d'une baleine blanche quelques morceaux bouillis de l'animal défunt, dont l'esprit était ainsi censé se régaler de portions de son propre corps; car la baleine blanche et les phoques étaient traités à ce banquet comme des invités de marque. Pour feindre jusqu'au bout, les assistants restèrent muets ou ne firent que parler à voix basse, de peur d'éveiller les hôtes avant le moment. Les préparatifs furent enfin terminés; des fagots, ajoutés sur le foyer, projetèrent une flamme qui illumina de sa lumière vacillante les murs noircis de fumée de la vaste demeure souterraine, tout à l'heure encore ensevelie dans les ténèbres; le long silence fut rompu par les cris tout joyeux des femmes : « Des hôtes aimés sont venus ! » « Rendez-nous souvent visite ! » « Quand vous retournerez à la mer, dites à vos compagnes de venir aussi nous voir, nous les ferons manger tout aussi bien que vous. » Ce disant, elles montraient des pâtés tentants disposés sur les tables. Le maître de maison prit ensuite un morceau du gras de la baleine blanche et le jeta dans le feu, avec les mots : « Nous le brûlons dans le feu pour toi ! » Il se rendit alors à l'autel domestique, plaça des morceaux de gras devant les grossières effigies des esprits protecteurs, et barbouilla leur bouche de graisse. L'appétit des puissances supérieures une fois satisfait, tous se mirent à table et se régalèrent avec les bonnes choses préparées pour elles, y compris la viande de la baleine blanche et des phoques. Enfin, deux vieillards pratiquèrent la divination avec l'omoplate d'un phoque pour savoir si la baleine blanche retournerait à la mer et conseillerait à ses compagnes de venir se faire prendre comme elle. Pour extraire de l'os ce renseignement, on y amassa dessus des charbons ardents et on examina avec le plus grand soin les marques et les craquelures ainsi causées. A la grande joie de tous, les présages se trouvèrent être favorables : une longue fissure transversale indiquait la mer vers laquelle l'esprit de la baleine morte allait bientôt partir. Quatre jours après, le départ eut effectivement lieu. C'était par une claire matinée ensoleillée d'hiver ; il gelait, et sur plus d'un kilomètre et demi, vers le large, la mer était couverte de blocs de glace. Dans la grande demeure souterraine où la fête s'était célébrée, le foyer avait été transformé en une sorte d'autel. On y voyait les têtes de la baleine blanche et des phoques; à côté, les sacs d'herbe remplis de pâtés, que les âmes des animaux devaient emporter avec eux dans leur long voyage. Auprès du foyer, deux femmes étaient agenouillées, le visage caché par un masque d'herbe, la tête penchée sur les sacs: elles marmottaient une incantation. La lumière du soleil, filtrant par le trou d'échappement de la fumée, tombait sur elles, mais ne répandait qu'une obscure clarté crépusculaire dans les recoins de cette vaste salle souterraine. Les masques que portaient les femmes avaient pour objet de les protéger contre l'esprit de la baleine blanche, qui planait, croyait-on, invisible, dans les airs. L'incantation prononcée, les femmes se levèrent et quittèrent leur masque. Un examen attentif du pâté offert en sacrifice à la baleine blanche révéla alors la joyeuse nouvelle que l'esprit de la baleine avait accepté l'offrande et allait retourner à la mer. Il ne restait donc plus qu'à l'expédier en hâte. Deux hommes montèrent dans ce but sur le toit, firent passer des courroies par le trou de la fumée, et tirèrent à eux la tête de la baleine blanche et celles des phoques avec les sacs de voyages remplis de provisions.

C'était la fin ; on avait ainsi expédié les âmes des animaux défunts vers leur demeure dans les grandes eaux.

MARTRES ET CASTORS

Quand, en Sibérie, des chasseurs de martre ont attrapé un de ces carnassiers, personne n'a le droit de le voir, et on croit que si l'on dit du bien ou du mal de l'animal capturé, on n'en attrapera plus jamais d'autre. On a entendu un chasseur exprimer sa croyance que les martres pouvaient entendre ce qu'on disait d'elles d'aussi loin que Moscou. La principale raison, disait-il, pour laquelle la chasse des martres était maintenant si improductive était qu'on avait envoyé des martres vivantes à Moscou. On les y avait regardées avec étonnement, comme des animaux étranges, et c'est plus que les martres n'en peuvent supporter. Une autre raison, mais moins importante, était, toujours d'après lui, qu'aujourd'hui le monde est bien pire qu'auparavant, de sorte que, maintenant, un chasseur cache parfois la martre qu'il a capturée au lieu de la mettre dans le stock commun. Cela aussi, les martres ne peuvent le souffrir. Un voyageur russe, à qui il arriva une fois d'entrer dans la hutte d'un Gilyak en l'absence de son propriétaire, remarqua une martre nouvellement tuée pendue au mur. La maîtresse de maison, voyant qu'il la regardait, s'empressa d'envelopper l'animal dans un bonnet de fourrure, puis de l'entourer d'écorce de bouleau et de le cacher loin de tout regard. Malgré le prix élevé qu'il en offrit, il ne put réussir à acheter l'animal. C'était bien assez, lui répondit-on, que lui, étranger, eût vu la martre morte dans sa peau ; de bien plus graves conséquences s'ensuivraient s'ils lui vendaient l'animal tout entier. Les chasseurs de l'Alaska conservent pendant une année, hors de la portée des chiens, les os des martres et des castors, puis les enterrent avec grand soin, « de peur que les esprits qui veillent sur les castors et sur les martres ne croient qu'on les regarde avec mépris, auquel cas on ne pourrait plus en attraper au piège ou en tuer. » Les Indiens Shuswaps, de la Colombie britannique, croient que, s'ils ne jetaient pas les os de castors à la rivière, les castors ne se laisseraient plus jamais prendre aux pièges ; le même résultat désastreux se produirait si un chien mangeait de la viande ou rongeait un os de castor. Les Indiens Carriers quand ils ont pris des martres ou des castors ont soin de les tenir éloignés des chiens ; car, si un chien venait à toucher ces animaux, les autres martres ou castors ne se laisseraient certainement plus jamais prendre. Un missionnaire qui rencontra un vieil Indien Carrier lui demanda si sa chasse était bonne. « Ah, ne m'en parlez pas, » répondit l'Indien; « ce ne sont pas les castors qui manquent. J'en ai pris un moi-même aussitôt après être arrivé ici. Malheureusement un chien s'en est emparé. Il m'a depuis été impossible d'en attraper un seul autre. » « Quelle sottise, dit le missionnaire, place tes pièges comme si de rien n'était, et tu verras bien. » « Ce serait inutile, répliqua l'autre d'un ton de désespoir, parfaitement inutile. Vous ignorez tout du castor. Si un chien touche seulement un castor, tous les autres se mettent en colère contre le propriétaire du chien, et s'éloignent à jamais de ses pièges. » En vain le missionnaire essaya-t-il de lui enlever cette idée par le ridicule ou la persuasion; l'homme s'obstina à abandonner ses pièges et sa chasse parce que, affirmait-il, les castors étaient fâchés contre lui. Un voyageur français, qui avait remarqué que les Indiens de la Louisiane ne donnaient jamais à leurs chiens les os de castors et de loutres, en demanda la raison. Il y a un esprit dans les bois, lui répondit-on, qui le dirait aux autres castors et loutres, et, dès ce moment, ils n'attraperaient plus aucun de ces animaux. Les Indiens du Canada prenaient de même bien garde de ne pas laisser leurs chiens ronger les os de castors, ou du moins certains de ces os. Ils se donnaient la plus grande peine pour les recueillir et les conserver, et quand ils avaient attrapé le castor au filet, ils les lançaient à la rivière. A un Jésuite qui voulait leur prouver que les castors ne pouvaient pas savoir ce que devenaient leurs os, les Indiens répondirent : « Tu ne sais rien sur la chasse au castor et cependant tu veux en babiller. Avant que le castor soit complètement mort, son âme fait un tour dans la hutte de l'homme qui le tue, et note soigneusement ce qu'on fait de ses os. Si l'on donne les os aux chiens, les autres castors en auront vent, et ne se laisseront pas attraper. Tandis que si l'on jette leurs os dans le feu ou dans une rivière, ils sont tout à fait contents; et cela plaît particulièrement au filet qui les a attrapés. » Avant de chasser le castor, ils offraient une prière solennelle au Grand Castor et lui donnaient du tabac; la chasse une fois terminée, un orateur prononçait l'oraison funèbre des castors tués. Il louait leur esprit et leur sagesse : « Vous n'entendez plus », disait-il, « la voix des chefs qui vous commandaient et que vous choisissiez parmi tous les castors guerriers pour

vous donner des lois. On n'entendra plus, au
fond du lac, votre langue, que les hommes-
médecine comprennent parfaitement. Vous ne
livrerez plus de batailles aux loutres, vos cruelles
ennemies. Non, castors ! Mais vos peaux serviront
à acheter des armes ; nous porterons à nos enfants vos cuisses fumées ; nous empêcherons les
chiens de manger vos os, qui sont si durs. »

Lions, Léopards, Boas Constrictors, Crapauds et Scorpions sacrés

Les Bahimas de l'Ankolé, dans l'Afrique
Centrale, croient que leurs rois se changent
en lions après leur mort. On porte leurs cadavres
dans une forêt appelée Ensangi, où ils restent
pendant plusieurs jours. Au bout de ce temps,
leur corps est censé éclater et laisser sortir
un lionceau, qui renferme l'esprit du roi défunt.
Des prêtres nourrissent l'animal jusqu'à ce qu'il
soit grand ; ils le mettent alors en liberté et le
laissent rôder dans la forêt avec les autres
lions. C'est le devoir des prêtres de nourrir et
de soigner les lions et de communiquer avec
les rois morts quand l'occasion s'en présente.
Les prêtres, pour ce faire, vivent toujours

dans un temple dans la forêt, où ils reçoivent fréquemment des offrandes de bétail destinées aux lions. Dans cette forêt, les lions sont sacrés, et il est défendu de les tuer; mais en d'autres parties du pays, on peut les mettre à mort impunément. Les Bahimas croient aussi que les femmes des rois sont, à leur mort, changées en léopards; la transformation s'opère de la même façon : les cadavres s'ouvrent dans la forêt sacrée. Les prêtres, dont la charge est héréditaire, donnent, chaque jour, aux léopards des offrandes de viande. Les Bahimas croient en outre que les esprits des princes et des princesses morts reviennent à la vie sous la forme de serpents, qui sortent tout à coup de leur cadavre dans une autre zone de la même forêt; un temple s'élève dans la forêt, où les prêtres nourrissent et gardent les serpents sacrés. Quand les petits serpents sont sortis du corps des princes, on les nourrit de lait jusqu'à ce qu'ils soient assez grands pour se suffire. Le clan El Kiboron des Masais, dans l'Afrique Orientale, croit que, lorsque des hommes du clan ont été enterrés, leurs os se changent en serpents. Aussi les El Kiborons ne tuent pas les serpents, comme font les autres Masais; ils se réjouissent au contraire de voir des reptiles dans le Kraal, et ils placent par terre, à leur intention, des

soucoupes de lait et de miel. On dit que les serpents ne mordent jamais les membres de ce clan.
Les Ababus, et d'autres tribus de la région du
Congo, croient que les âmes vont, après la
mort, habiter dans le corps de divers animaux,
tels que l'hippopotame, le léopard, le gorille
et la gazelle; sous aucun prétexte un homme ne
mangerait de la chair d'un animal de l'espèce en
laquelle il compte aller habiter dans sa vie
future. Certains des Cafres de la région du Zam-
bèze, en territoire portugais, qui croient à la
transmigration des âmes humaines dans le corps
d'animaux, reconnaissent l'espèce animale dans
laquelle une personne défunte est allée habiter
d'après la ressemblance que la personne avait,
de son vivant, avec la-dite espèce. C'est ainsi
que l'âme d'un homme corpulent, aux dents
proéminentes, passera dans un éléphant ; un
homme fort et qui porte une longue barbe deviendra un lion; un homme laid, avec une grosse
bouche et d'épaisses lèvres, sera une hyène;
ainsi de suite. Les animaux qu'on croit habités
par les esprits des morts sont tenus pour sacrés
et invulnérables. Une fois, comme une dame
portugaise, du nom de Dona Maria, à qui les
noirs étaient très attachés, venait de mourir,
il arriva qu'une hyène fit plusieurs visites la nuit
au village et enleva des porcs et des chevreaux.

Les esclaves de la dame refusèrent de faire le moindre mal à la bête, disant : « C'est Dona Maria, notre bonne maîtresse. Elle a faim et revient à la maison chercher quelque chose à manger. »

La croyance suivant laquelle les âmes des morts vont habiter dans le corps d'animaux paraît être très répandue parmi les tribus de Madagascar. On croit par exemple que les âmes des Betsiléos renaissent après la mort dans des boas constrictors, des crocodiles et des anguilles d'une espèce particulière, selon le rang qu'elles occupaient dans la vie. Ce sont les nobles, ou en tous cas les plus illustres d'entre eux, qui ont le privilège de devenir, après leur mort, des boas constrictors. Aussi, ces énormes serpents sont-ils sacrés pour les Betsiléos; nul n'oserait en tuer un seul. Les gens s'agenouillent devant eux, et les saluent, comme ils feraient pour un noble vivant. C'est un jour heureux que celui où le boa constrictor daigne rendre visite au village qu'il habitait autrefois sous sa forme humaine. Il reçoit une ovation de la famille. On va à sa rencontre, on étend des tapis de soie sur lesquelles il rampera, et on le porte sur la place publique, où on le laisse se gorger du sang d'un bœuf sacrifié. Les âmes des roturiers, mais d'un bon niveau social, émigrent dans des crocodiles;

elles continuent à servir leurs anciens maîtres dans leur nouvelle forme, et leur annoncent en particulier l'approche de l'heure où ils doivent dépouiller leur enveloppe humaine pour revêtir celle du boa constrictor. Enfin, la lie de la population passe, après la mort, dans des anguilles; pour rendre le changement aussi facile que possible, il est d'usage d'enlever les entrailles du cadavre et de les jeter dans un lac sacré. L'anguille qui avale la première bouchée devient le domicile de l'âme du défunt. Aucun Batsiléo ne consentirait à manger de ces anguilles. Les Antankaranas, tribu de l'extrême nord de Madagascar, croient que les esprits de leurs chefs décédés vont dans des crocodiles, tandis que ceux du commun vont naître à nouveau dans d'autres animaux. Enfin, les Tanalas, tribu du sud-ouest de Madagascar, supposent que les âmes de leurs morts émigrent dans certains animaux, tels que des scorpions et des insectes, qu'ils ne tuent ni ne mangent pour cette raison, croyant que ces bêtes s'abstiendront également de les blesser.

Certains Nagas de l'Assam prétendent que les esprits des morts, qui ont passé auparavant par tout un cycle de métamorphoses dans le monde souterrain, reviennent vivre sur terre sous forme de papillons ou de petites mouches; mais ils périront sous cette nouvelle forme, et cette fois définitivement. Aussi, quand ces petites mouches se posent sur leurs gobelets de vin, les buveurs refusent-ils de les tuer de peur de détruire l'un de leurs ancêtres. Pour une raison analogue, les Angamis, l'une des tribus Nagas, prennent bien garde de ne pas blesser certaines espèces de papillons. A Ang Teng, gros village de la Haute-Birmanie, le fleuve, en un certain endroit, au-dessus d'un pont en ruines, est plein de poissons, que les habitants tiennent pour sacrés, dans la croyance que ce sont leurs morts revenus à la vie sous cette forme. Autrefois, nul ne devait tuer l'un de ces poissons, sous peine de mort. Un Shan, surpris un jour en possession de poissons morts, fut aussitôt entraîné et tué. Les habitants de Kon-Meney, en Cochinchine orientale, refusent de manger des crapauds, parce que, il y a longtemps, l'âme d'un de leurs chefs était allée, après sa mort, dans un crapaud. Il apparut à son fils, en rêve, sous sa nouvelle forme, lui apprit sa transformation, et lui ordonna de sacrifier un porc, une poule et du vin de millet à son père défunt, en l'assurant que, s'il obéissait à ses injonctions, la récolte de riz serait belle. Le fils soumis obéit à l'auteur de ses jours; le crapaud apparut dans les champs, où il venait veiller sur le riz,

et la récolte fut magnifique. Pendant deux
générations, on offrit ces sacrifices: le crapaud
apparaissait à l'époque des semailles, et les greniers s'emplissaient. Mais, plus tard, les gens
négligèrent d'offrir les sacrifices au crapaud,
et ils furent punis en conséquence par de mau-
vaises récoltes et la famine. Certains des Chams
de l'Indo-Chine croient que les âmes des morts
habitent le corps de certains animaux, tels que
les serpents, les crocodiles, etc., l'espèce variant
suivant la famille. Les espèces animales que
l'on regarde le plus souvent comme habitées par
des esprits sont celles de rongeurs et grimpeurs
tels que l'écureuil. Selon d'aucuns, ces petits
animaux donnent surtout asile aux enfants morts
en bas âge. Les âmes de ces petits êtres apparaissent en rêve à leurs parents éplorés et disent :
« J'habite le corps d'un écureuil; honorez-moi
comme tel. Offrez-moi, en cadeau, une fleur,
une noix de coco, une tasse de riz grillé, » etc.
Les parents s'acquittent de ce pieux devoir,
respectent ces esprits familiers, attribuent les
maladies à leur mécontentement, les prient de
les guérir, et, sur leur lit de mort, ils recom-
mandent à leurs descendants de soigner tel ou
tel esprit, comme membre de la famille.

COMMENT ON DÉPISTE LE FANTÔME D'UNE AUTRUCHE

Les Indiens Lenguas du Gran Chaco aiment fort à chasser l'autruche; mais, quand ils ont tué un de ces oiseaux et rapportent son cadavre au village, ils prennent des précautions pour déjouer la vengeance du fantôme de leur victime. Ils croient que, le premier choc de la mort une fois passé, l'ombre de la bête se ressaisit et cherche son corps. Par un sage calcul, les Indiens arrachent donc des plumes sur la poitrine de l'animal et les répandent le long du sentier qu'ils ont suivi, à certains intervalles. A chaque tas de plumes, le fantôme s'arrête et se demande : « Est-ce là tout mon corps, ou une partie seulement ? » Ce doute lui fait perdre du temps, et lorsqu'enfin il a dépassé tous ces tas de plumes, et a, en outre, gaspillé un temps précieux à faire des zigzags de l'un à l'autre, les chasseurs sont en sécurité chez eux, et l'ombre ainsi jouée rôde en vain autour du village, où sa peur l'empêche de pénétrer.

Poissons traités avec Respect

Les Indiens Kwakiutls de la Colombie britannique s'imaginent que, quand on tue un saumon, son âme retourne au pays du saumon. Aussi ont-ils soin d'en jeter les arêtes et les œufs dans la mer, pour que l'âme puisse les animer à nouveau lors de la résurrection du saumon. Tandis que s'ils brûlaient ses os, l'âme se trouverait perdue, et il serait tout à fait impossible pour le saumon de revenir. De même, les Indiens Otawas du Canada, croyant que les âmes des poissons morts passaient dans d'autres corps de poissons, ne brûlaient jamais les arêtes, de peur de déplaire aux âmes des poissons, qui ne viendraient plus dans les filets. Les Hurons s'abstenaient aussi de jeter les arêtes de poissons dans le feu, de peur que les âmes n'allassent conseiller aux autres poissons de ne pas se laisser prendre, puisque les Hurons brûleraient leurs arêtes. Ils avaient en outre des hommes qui prêchaient au poisson et le persuadaient de venir se faire prendre. Un bon prédicateur était très recherché, car ils croyaient que les exhortations d'un homme éloquent produisaient grand effet pour attirer le poisson dans les filets. Dans le village de pêcheurs hurons où demeura le missionnaire français Sagard, l'homme doué du talent exhortatoire était très fier de son éloquence; ses discours étaient du genre fleuri. Chaque soir, après le souper, quand il avait vérifié que tout le peuple était en place et qu'on observait un silence absolu, il s'adressait au poisson. Son texte était que les Hurons ne brûlent pas les arêtes du poisson... « Puis, développant ce thème avec une extraordinaire onction, il adjure, conjure, invite, et implore les poissons de venir se faire prendre, d'être courageux et de ne rien craindre, puisque c'est pour rendre service à ceux de leurs amis qui leur rendent des honneurs et ne brûlent pas leurs arêtes. » A Bogadjim, en Nouvelle-Guinée, c'est un enchanteur qui attire les poissons vers leur pénible fin. Debout dans un canot, un panier à poissons décoré à côté de lui, il ordonne à ces habitants de la mer de venir de tous points à Bogadjim. Quand les Aïnos ont tué un espadon, ils le remercient de s'être laissé prendre et l'invitent à revenir. Chez les Indiens Nootkas de la Colombie britannique, il était autrefois de règle que quiconque avait mangé de la viande d'ours devait s'abstenir rigoureusement de tout poisson pendant deux mois. La raison d'une telle défense ne reposait sur aucun égard pour la santé de la personne en question, mais bien sur « la croyance superstitieuse que, si quelqu'un, après avoir goûté à de la viande d'ours, mangeait du saumon frais, de la morue, etc.., le poisson, si loin qu'il fût, viendrait à le savoir, et s'en irriterait tant, qu'il ne se laisserait plus prendre ». La disparition du hareng dans la mer qui entoure Héligoland en 1530 fut attribuée par les pêcheurs à la faute de deux gas qui avaient fouetté un hareng nouvellement attrapé et l'avaient relancé à la mer. Une disparition analogue du poisson dans le Firth de Moray, sous le règne de la Reine Anne, fut expliquée comme le résultat d'une violation du dimanche commise par les pêcheurs; d'autres l'attribuaient à une dispute au cours de laquelle du sang avait été répandu dans la mer. Car les pêcheurs écossais sont persuadés, si l'on verse du sang, au cours d'une dispute, sur une côte où l'on est en train de prendre des harengs, que le banc s'éloignera aussitôt et ne reparaîtra plus de la saison. Les pêcheurs de l'ouest des Highlands croient que tout banc de harengs a son chef et le suit partout où il va. Ce chef est deux fois plus gros qu'un hareng ordinaire, et les pêcheurs l'appellent le roi des harengs. Quand il leur arrive de le prendre dans leurs filets, ils ont bien soin de le remettre à la mer; car ce serait une mesquine trahison que de détruire le poisson royal. Les indigènes de l'Ile du Duc d'York décorent chaque année un canot avec des fleurs et des fougères, le chargent, ou font semblant de le charger, de monnaies en forme de coquillages, et le lancent à la dérive, pour donner à ceux des poissons qu'ils ont pris et mangés une compensation. Quand les Tarahumares du Mexique se préparent à empoisonner les eaux d'un fleuve pour stupéfier et attraper le poisson, ils prennent d'abord la précaution de faire des offrandes au Maître du Poisson pour le dédommager du poisson qu'ils vont lui ravir. Ces offrandes consistent en haches, en chapeaux, en couvertures, en ceintures, en gibecières, et surtout en couteaux et en colliers de perles ; on les suspend à une croix ou à une barre horizontale, et on les place au milieu du fleuve. Mais le Maître du Poisson, — c'est, croit-on, le doyen de toute son espèce, — n'a pas longtemps à jouir de ces beaux présents ; le lendemain matin, les propriétaires de ces divers articles se les approprient pour leurs divers usages. Il est tout particulièrement nécessaire de traiter avec considération ces premiers poissons qu'on attrape pour se concilier les autres, dont la conduite sera influencée, s'imagine-on, par la réception faite à ceux des leurs qui ont été pris en premier lieu. Aussi les Maoris rejettent-ils toujours à la mer le premier poisson qu'ils ont attrapé, « en le priant d'en attirer d'autres pour qu'ils se fassent attraper aussi ».

La Naissance du Grand Lama

Les Tartares bouddhistes croient à un grand nombre de Bouddhas vivants qui officient comme Grands Lamas à la tête des monastères les plus importants. Lorsque l'un de ces Grands Lamas meurt, ses disciples ne se lamentent pas, car ils savent qu'il réapparaîtra bientôt : il est déjà né, et c'est un petit enfant. Leur seule anxiété est de découvrir l'endroit de sa naissance. Si, au moment de leur perplexité, ils aperçoivent un arc-en-ciel, c'est là un bon augure que leur envoie le Lama défunt pour les guider vers le berceau. Parfois, le divin enfant révèle lui-même son identité. « Je suis le Grand Lama dit-il, « le Bouddha vivant de tel et tel temple. Portez-moi à mon ancien monastère. Je suis son chef immortel. » Quelle que soit la façon dont on découvre le lieu de naissance du Bouddha, que ce soit par son propre aveu ou par signe céleste, on dresse les tentes, et les joyeux pèlerins, souvent conduits par le roi ou l'un des membres les plus illustres de la famille royale, se mettent en route pour trouver, et ramener, le dieu au maillot. En général, il naît au Thibet, la Terre sainte, et la caravane doit traverser les déserts les plus effrayants avant d'arriver jusqu'à lui. Lorsqu'à la fin elle trouve l'enfant, ses membres se prosternent et l'adorent. Cependant, avant de le reconnaître comme le Grand Lama qu'ils sont venus quérir, on le somme de décliner son identité. On lui fait subir un interrogatoire sur le nom du monastère dont il prétend être le chef, sur la distance à laquelle il se trouve, et sur le nombre de moines qui peuvent y demeurer; il doit aussi décrire les habitudes du Grand Lama défunt, et la façon dont il est mort. Puis on lui présente divers objets, des livres de prières, des tasses, des théières, et il doit désigner ceux dont il s'est servi dans sa vie antérieure. A condition qu'il ne se fourvoie point, on admet ses prétentions, et on le conduit en triomphe au monastère. Le chef de tous les Lamas est le Dalaï Lama de Lhassa, la Rome du Thibet. On le regarde comme un dieu vivant, et, lors de son décès, son esprit divin et immortel renaît dans un enfant. Selon certains récits, la recherche du Dalaï Lama ressemble à celle déjà décrite, et par laquelle on découvre un Lama ordinaire. D'autres parlent d'un choix par loterie, les noms étant tirés au sort du fond d'une aiguière dorée. Quel que soit l'endroit où naît le Lama, les arbres et les plantes y deviennent feuillus; sur son ordre les fleurs s'épanouissent, les eaux jaillissent des fontaines, et les faveurs célestes se répandent aux alentours, grâce à la présence du divin enfant.

Son palais se dresse sur une hauteur dominant le paysage environnant; on voit, très loin à la ronde, étinceler ses coupoles dorées. En 1661 ou 1662, les pères Grueber et d'Orville, qui retournaient de Pékin en Europe, passèrent deux mois à Lhasa pour attendre une caravane; ils rapportent que le Grand Lama était adoré comme un véritable dieu vivant, qu'il recevait le titre de Père Céleste et Éternel, et qu'il avait par sept fois ressuscité d'entre les morts. Il vivait, retiré des affaires de ce monde passager, dans la retraite de son palais; là, sur un coussin et de précieux tapis, il recevait l'hommage de ses adorateurs dans une chambre où ne pénétrait jamais la froide lumière du jour, qui étincelait d'or et d'argent, et qu'éclairait la flamme d'une multitude de torches. Les fidèles, la tête baissée jusqu'à terre, lui témoignaient leur vénération en lui embrassant les pieds.

Rois du Feu et de l'Eau

Dans les bois du Cambodge vivent deux souverains mystérieux connus sous le nom de Roi du Feu et Roi de l'Eau. Leur renommée s'étend sur tout le sud de la grande péninsule indo-chinoise, mais l'occident n'en a entendu qu'un faible écho. Jusqu'à ces dernières années, aucun Européen, à notre connaissance, n'avait jamais vu ni l'un ni l'autre de ces rois, et leur existence même aurait pu passer pour une fable, si ce n'était que, récemment encore, ils avaient conservé des rapports avec le roi du Cambodge qui, chaque année, échangeait avec eux des présents. Ces présents passaient de tribu en tribu avant d'atteindre enfin leur destination; nul Cambodgien, en effet, n'aurait osé tenter le long et périlleux voyage. La tribu au sein de laquelle résident les Rois du Feu et de l'Eau est celle des Chréais ou des Jarays, race aux traits Européens, mais au teint jaunâtre, qui habite les montagnes revêtues de forêts et les hauts plateaux séparant le Cambodge de l'Annam. Leurs fonctions royales sont d'un ordre purement mystique ou spirituel; ils n'ont aucune autorité politique; ce sont de simples paysans, qui vivent de leur travail opiniâtre et des offrandes des fidèles. Selon un récit, ils demeurent dans une solitude absolue, sans jamais se rencontrer l'un l'autre, et sans jamais voir un visage humain. Ils habitent successivement sept tours perchées sur sept montagnes, et passent, chaque année, d'une tour à une autre. Les habitants s'avancent furtivement et leur lancent de loin ce qui est nécessaire à leur subsistance. La royauté dure sept années, le temps d'habiter toutes les sept tours; mais beaucoup meurent avant ce terme. Les charges sont héréditaires dans une ou (selon d'autres) dans deux familles royales, qui jouissent d'une haute considération, ont des revenus réguliers et sont exemptées de la nécessité de cultiver leurs terres. Mais, naturellement, la dignité n'est pas convoitée et quand une vacance se présente, tous les hommes éligibles (la condition est qu'ils soient forts et qu'ils aient des enfants) s'enfuient et vont se cacher. Une autre relation, qui reconnaît la répugnance avec laquelle les candidats héréditaires acceptent la couronne, ne confirme pas le fait de la réclusion hérémitique dans les sept tours; elle représente le peuple se prosternant devant ces rois mystiques partout où ils apparaissent en public; on croit, en effet, qu'un ouragan terrible s'abattrait sur le pays si on négligeait cet hommage. Mais ce ne sont là, sans doute, que de ces fables

qui entourent si souvent d'une auréole roma-
nesque le lointain et l'inconnu. Un officier
français, qui eut une entrevue avec le redoutable
Roi du Feu en janvier 1891, le trouva étendu
sur une couche de bambous, fumant avec ardeur
une longue pipe en cuivre, entouré de gens
qui ne semblaient pas lui témoigner un respect
très déférent. Malgré sa vocation mystique,
le sorcier n'avait ni charme ni talisman; rien ne
le distinguait que sa haute taille. Un autre
auteur rapporte que ces deux rois sont très
redoutés, parce qu'ils possèdent, croit-on, le
mauvais œil; aussi tout le monde les évite, et
ces souverains toussent-ils pour annoncer leur
approche et pour que les gens puissent s'écarter
de leur chemin. Ils jouissent de privilèges
et d'immunités extraordinaires, mais leur autorité
ne s'étend pas au-delà des quelques villages du
voisinage. Comme à beaucoup d'autres rois
sacrés, on ne permet pas aux Rois du Feu et de
l'Eau de mourir de mort naturelle, ce qui amoin-
drirait leur réputation. Aussi, quand l'un d'eux
tombe gravement malade, les anciens tiennent
une consultation, et, s'ils croient qu'il ne s'en
remettra pas, ils le tuent. On brûle son corps et
on recueille pieusement ses cendres que l'on
honore publiquement pendant cinq ans. On en
donne une partie à la veuve; elle les garde dans

une urne, qu'elle doit porter sur son dos quand elle va pleurer sur la tombe de son mari.

On nous dit que le Roi du Feu, le plus important des deux, dont les pouvoirs surnaturels n'ont jamais été mis en question, officie aux mariages, aux fêtes, et aux sacrifices en l'honneur du *Yan* ou esprit. En ces occasions, on lui réserve une place spéciale, et le chemin par lequel il s'avance est couvert d'étoffes blanches de coton. Une raison pour laquelle on limite la dignité royale à la même famille est que cette famille est en possession de certains talismans fameux qui perdraient leur vertu ou disparaîtraient s'ils sortaient de la famille. Ces talismans sont au nombre de trois : le fruit d'une plante grimpante appelé *Cui*, cueillie il y a des siècles au temps du dernier déluge, mais encore fraîche et verte ; un rotin, très ancien aussi, et portant des fleurs qui ne se fanent jamais ; enfin, une épée renfermant un *Yan* ou esprit qui veille constamment sur elle et accomplit, avec elle, des miracles. On dit que l'esprit est celui d'un esclave, dont le sang tomba par hasard sur la lame tandis qu'on la forgeait, et qui mourut de mort volontaire pour expier son crime involontaire. Avec les deux premiers talismans, le Roi de l'Eau peut produire un déluge qui noierait la terre tout entière. Si le Roi du Feu tire l'épée magique de quelques centimètres hors du fourreau, le soleil se cache et hommes et bêtes tombent dans un profond sommeil; s'il la dégainait entièrement, ce serait la fin du monde. On offre à cette épée merveilleuse des sacrifices de buffles, de porcs, de poules et de canards, pour obtenir la pluie. On la garde emmaillotée dans du coton et de la soie; et parmi les présents qu'envoyait chaque année le roi du Cambodge, il y avait de riches étoffes pour envelopper l'épée sacrée.

Les Rois du Feu et de l'Eau lui envoyaient en échange un énorme cierge en cire et deux calebasses, l'une pleine de riz et l'autre de sésame. Le cierge portait l'empreinte du majeur du Roi du Feu, et passait sans doute pour renfermer la semence du feu, que le monarque cambodgien recevait ainsi, une fois par an, toute fraîche, du Roi du Feu en personne. On conservait ce cierge sacré pour de saints usages. On le confiait, dès son arrivée dans la capitale du Cambodge, aux Brahmanes, qui le déposaient près des insignes de la royauté; avec sa cire, ils faisaient d'autres cierges que l'on brûlait sur les autels les jours de solennité. De même que le cierge en question était le cadeau particulier du Roi du Feu, le riz et le sésame étaient, pouvons-nous conjecturer, le cadeau particulier du Roi de l'Eau. Celui-ci était sans doute roi de

la pluie aussi bien que de l'eau, et les fruits
de la terre étaient des dons qu'il accordait aux
hommes. Aux époques de calamité, lors d'une
peste par exemple, d'une inondation ou d'une
guerre, on répandait sur le sol un peu de ce riz
et de ce sésame sacrés, « pour apaiser le courroux
des esprits malfaisants. » Contrairement à l'usage
courant dans le pays, qui est d'enterrer les morts,
on brûle les cadavres de ces deux monarques
mystiques, mais on préserve religieusement,
comme amulettes, leurs ongles, certains de leurs
os et certaines de leurs dents. C'est pendant que
le cadavre se consume sur le bûcher que les
parents du magicien défunt s'enfuient dans la
forêt, où ils se cachent, de peur d'être élevés à
la dignité, peu enviée, qui se trouve sans titu-
laire. Les habitants partent à leur recherche;
le premier dont on découvre la cachette est
nommé Roi du Feu ou de l'Eau.

LA FÊTE DES LANTERNES

Au Japon, les âmes des morts retournent une
fois par an à leurs anciennes demeures, et on a
institué une fête, appelée Fête des Lanternes
pour leur souhaiter la bienvenue. Ils viennent

le soir du treizième jour du septième mois de
l'ancien calendrier. Il est nécessaire de les
éclairer pendant leur trajet. Aussi attache-t-on
aux tombes des bambous avec de jolies lanternes
de couleur; ces lanternes, très nombreuses et
très serrées, font une illumination sur les collines, où se trouvent en général les cimetières.
On allume aussi et on place devant les maisons
et dans les jardins des lampes de diverses couleurs ou des rangées de torches, et on prépare de
petits feux dans les rues, si bien que la ville
tout entière n'est qu'une gerbe de lumière.
Quand le soleil s'est couché, une foule nom-
breuse sort de la ville, car chaque famille va à la
rencontre de ses morts qui reviennent. Arrivés
à l'endroit où ils croient que se trouvent les âmes,
les gens souhaitent la bienvenue aux visiteurs invisibles et les invitent à se reposer après leur voyage,
et à goûter aux rafraîchissements qu'ils leur offrent. Ils laissent aux âmes le temps de satisfaire leur faim et de réparer leur fatigue, puis
à la lueur de torches, en conversant gaîment avec
elles, ils les escortent à la ville et jusqu'aux
maisons où elles vécurent et moururent. On
illumine aussi ces maisons avec de brillantes
lanternes; on dispose un festin sur les tables;
et l'on met le couvert des morts, qui sont censés
absorber l'essence éthérée des aliments, comme

s'ils étaient en vie. Après le repas, les vivants vont de maison en maison pour rendre visite aux âmes de leurs amis et voisins défunts; ils passent ainsi la nuit à courir par la ville. Le soir du troisième jour de la fête, qui est le quinzième du mois, il est temps pour les âmes de retourner à leurs demeures. A nouveau, des feux flambent dans les rues pour les éclairer; les gens les escortent à nouveau cérémonieusement à l'endroit où ils les ont rencontrées deux jours auparavant; et, en certains endroits, ils font flotter des lanternes sur les fleuves ou sur la mer dans de minuscules petits bateaux chargés de provisions que les esprits consommeront pendant leur voyage de retour à leur lointain pays. Mais il est encore à craindre que certaines pauvres âmes soient restées en arrière, ou se soient dissimulées dans quelque recoin, peu désireuses de quitter le théâtre de leur vie antérieure et ceux qui leur sont chers. On prend donc des mesures pour chasser ces traînards et les renvoyer à la suite de leurs semblables. On jette pour cela des pierres à profusion du haut des toits des maisons; les habitants, armés de bâtons, parcourent toutes les salles et donnent de grands coups en l'air pour chasser les âmes qui s'attardent encore. Ils font ceci, nous dit-on, tout autant pour leur propre bien-être que par affection envers les morts; car ils craignent d'être dérangés par d'inopportunes apparitions s'ils laissent les visiteurs impalpables dans la place.

———

VERTU SALUTAIRE D'UN CLOU

A l'époque où Paris et Londres n'existaient pas encore, où la France vénérait les Druides comme les maîtres de tout savoir humain, où l'Angleterre était encore couverte de forêts vierges et habitée par des bêtes féroces et des hommes sauvages, le plus haut magistrat de Rome accomplissait de temps en temps une cérémonie solennelle, quand il fallait arrêter les ravages de la peste ou un désastre qui menaçait dans ses bases la vie nationale. Au quatrième siècle avant notre ère, la ville de Rome fut désolée par une grande peste qui fit rage pendant trois ans et emporta, avec certains des plus hauts dignitaires, une foule de citoyens. L'historien qui rapporte ces faits nous apprend que, lorsqu'on eut en vain offert un banquet aux dieux, lorsque la sagesse humaine comme l'aide divine eurent été impuissantes à adoucir la violence de la maladie, pour la première fois dans l'histoire romaine, on résolut d'instituer des représentations dramatiques comme un moyen approprié d'apaiser le courroux des puissances célestes. On fit donc venir des acteurs de l'Etrurie ; ils exécutèrent, au son de la flûte, certaines danses simples et bienséantes. Mais même ce spectacle nouveau ne put réussir à amuser ou à toucher, à faire rire ou pleurer les dieux irrités. La peste continuait à sévir ; et au moment même où les acteurs jouaient de leur mieux dans le cirque aux bords du Tibre, le fleuve aux flots jaunâtres sortit de son lit et chassa loin de l'arène acteurs et spectateurs, qui se sauvèrent en pataugeant à travers les eaux de plus en plus profondes. Les dieux, ils le montraient bien, méprisaient le théâtre tout autant que les prières et les banquets ; dans la consternation générale, on sentit qu'il fallait prendre quelque mesure plus efficace pour mettre fin aux ravages du fléau. Des vieillards se rappelaient qu'on avait autrefois arrêté une peste en enfonçant un clou dans un mur ; le Sénat décida donc, en la présente extrémité, que, tous les autres moyens ayant échoué, on nommerait un magistrat suprême avec la seule mission d'accomplir ce rite solennel. Le clou fut enfoncé, et la peste cessa, tôt ou tard. Quelle meilleure preuve pourrait-on donner de la salutaire vertu d'un clou ?

Deux fois encore dans ce même siècle, le peuple romain eut recours à pareille cérémonie vénérable pour mettre fin à des calamités publiques contre lesquelles les remèdes ordinaires, civils et religieux, semblaient impuissants. L'une de ces occasions fut une peste, l'autre, un nombre étonnant de décès parmi les hommes les plus en vue, décès que, à tort ou à raison, l'opinion publique attribuait à une série de crimes abominables accomplis par de nobles matrones, qui se débarrassaient de leur mari par le poison. Les crimes, réels ou imaginaires, étaient mis sur le compte de la folie, et rien, croyait-on, ne pouvait soigner des esprits malades aussi bien que ce remède si simple consistant à enfoncer un clou dans un mur. Des recherches dans les annales de la cité prouvèrent qu'à une époque de discorde civile, comme l'État était déchiré par des luttes de partis, on avait appliqué le même vénérable remède, le même baume adoucissant, avec les plus heureux résultats pour les intérêts en conflit et les passions des rivaux. On essaya donc encore une fois de l'antique panacée, et le succès, cette fois encore, parut justifier la tentative.

Si les Romains du quatrième siècle avant J.-C. croyaient ainsi à la possibilité de se débarrasser de la peste, de la folie et de la sédition, en enfonçant un clou dans un mur, comme les paysans de France et d'Allemagne se délivrent encore de la fièvre et du mal de dents en les enfonçant dans un arbre, leurs prudents ancêtres avaient décidé, semble-t-il, qu'une mesure aussi salutaire ne devrait pas être seulement employée pour faire face aux occasions extraordinaires et pressantes, ils voulaient qu'elle répandît régulièrement ses bienfaits sur la communauté et détruisît dans leur germe des maux qui pourraient sans cela grandir et prendre des proportions dangereuses. Telle était, pouvons-nous conjecturer, l'intention originelle d'une ancienne loi romaine qui ordonnait au plus haut magistrat de l'état d'enfoncer un clou, chaque année, le treizième jour de septembre. On pouvait voir cette loi, gravée, dans une langue archaïque, sur une tablette fixée à un mur du temple de Jupiter Capitolin; et bien que les écrivains classiques ne nous disent nulle part où l'on enfonçait les clous, il y a de bonnes raisons pour penser que c'était sans doute sur le mur même où la loi était inscrite. Tite-Live nous dit que la tâche d'enfoncer le clou, confiée d'abord aux consuls, avait été ensuite transférée aux dictateurs, dont le rang supérieur s'accordait mieux avec la dignité et l'importance de la fonction. La coutume tomba plus tard en désuétude, et l'antique cérémonie ne fit que revivre de temps à autre à des époques de très grave péril ou de calamité publique, quand les dieux semblaient manifester leur mécontentement devant les mœurs modernes, et quand les hommes se sentaient disposés à se rappeler les leçons de leurs ancêtres et à suivre les vieilles ornières.

Saint Romain délivre Rouen du Dragon

Il est d'illustre mémoire, le dragon dont,
selon la légende, Saint-Romain délivra Rouen,
et c'était une cérémonie impressionnante que
celle que la ville continua de célébrer jusqu'à la
Révolution française en souvenir de cette délivrance. Les majestueux et imposants édifices
du Moyen Age qui ornent encore Rouen formaient un digne décor pour un spectacle qui
ramenait l'imagination au temps où Henri II
d'Angleterre et Richard Cœur-de-Lion, ducs de
Normandie, avaient encore leurs palais dans
cette antique capitale de leurs domaines héréditaires. Vers 520 avant J.-C., disait la légende,
un dragon infestait une forêt ou un étang situé
près de la ville; chaque jour, il venait faire des
déprédations à Rouen et dans son voisinage,
dévorait hommes et bêtes, faisait périr les
bateaux et les mariniers sur la Seine, et infli-
geait à tous d'innombrables calamités. A la fin,
l'archevêque, Saint-Romain, résolut de braver
le monstre dans son repaire. Il ne put décider
personne à l'accompagner, sauf un prisonnier

condamné à mort pour assassinat. A leur approche, le dragon fit semblant de vouloir les engloutir dans sa gueule; mais l'archevêque, fort de l'aide divine, fit le signe de la croix; le monstre à l'instant s'adoucit à tel point qu'il laissa le saint l'attacher avec son étole et l'assassin le conduire comme un agneau qu'on mène à la boucherie. Ils allèrent ainsi, en procession, jusqu'à une place publique de Rouen, où l'on brûla le dragon en présence du peuple et où l'on jeta ses cendres dans le fleuve. L'assassin obtint sa grâce en échange de ses services, et, la renommée de l'exploit s'étant répandue, Saint Romain, ou son successeur Saint Ouen, dont le souvenir est perpétué à Rouen par une église d'une idéale beauté, obtint du roi Dagobert un privilège éternel pour l'archevêque, le doyen et les chanoines de la cathédrale : chaque année, le jour de l'Ascension, date anniversaire du miracle, ils accorderaient son pardon et sa délivrance de prison à un malfaiteur, qu'ils choisiraient à leur gré, quel que fût le crime dont il eût été coupable. Le chapitre de la cathédrale revendiqua ce privilège, unique en France, dès le début du treizième siècle; car, en 1210, le gouverneur du château de Rouen hésitant à livrer un prisonnier, le chapitre en appela au roi Philippe-Auguste, qui ordonna une enquête. Au cours de cette enquête, neuf témoins jurèrent que jamais sous le règne d'Henri II et de Richard Cœur-de-Lion, ducs de Normandie, on n'avait élevé de difficulté sur le point en litige. A partir de cette date, le chapitre semble avoir joui sans conteste de ce privilège jusqu'en 1790, date où il l'exerça pour la dernière fois. L'année d'après, la face des choses avait changé; il n'y avait plus à Rouen ni archevêque ni chapitre. Il existe encore un registre du nom des prisonniers qui furent ainsi grâciés, avec l'exposé de leurs crimes. On ne connaît que quelques noms du treizième siècle, et il y a bien des lacunes dans la première moitié du quatorzième; mais, à partir de cette date, le registre est à peu près complet. La plupart des crimes semblent avoir été des assassinats.

Les détails de la cérémonie, le grand jour du pardon, varient quelque peu avec les époques. Le récit qui suit repose en grande partie sur une description faite sous la règne de Henri III et publiée à Rouen en 1587. Quinze jours avant l'Ascension, les chanoines de la cathédrale ordonnaient aux officiers royaux d'arrêter toutes poursuites contre les criminels détenus en prison. Puis, le lundi des Rogations, deux chanoines interrogeaient les prisonniers et entendaient leurs confessions; ils passaient pour cela de prison en prison jusqu'au jour de l'Ascension. Ce jour-là, vers sept heures du matin, tous les chanoines se réunissaient dans le chapitre et invoquaient la grâce du Saint-Esprit par le cantique *Veni Creator Spiritus* et d'autres prières. Ils prêtaient aussi le serment de ne jamais révéler aucune des dépositions des criminels, et de les garder secrètes sous le sceau de la confession. Les dépositions reçues et les commissaires entendus, le chapitre, après délibération, désignait celui des prisonniers qui devait jouir du privilège. On envoyait ensuite une carte portant le nom du prisonnier et cachetée avec le sceau du chapitre aux membres du parlement, qui siégaient en assemblée solennelle, vêtus de leurs robes rouges, dans la grande salle du palais pour recevoir la désignation du prisonnier et lui donner plein effet. On relâchait alors le criminel à qui son crime était pardonné. Aussitôt les cloches de la cathédrale se mettaient à sonner, on ouvrait toutes grandes les portes du saint édifice, l'orgue faisait entendre ses accents, on chantait des cantiques, on allumait des cierges, et on célébrait toutes les solennités par lesquelles s'expriment la joie et l'allégresse. En présence du conclave, on brûlait alors sur l'autel du chapitre toutes les dépositions des autres prisonniers. L'archevêque et tout le clergé de la cathédrale se rendaient ensuite en procession à la grande place, appelée place de la Vieille Tour près du fleuve; ils portaient les châsses et les reliquaires de la cathédrale, à l'accompagnement de la joyeuse musique de hautbois et de clairons. La Vieille Tour occupe, semble-t-il, l'emplacement de l'ancien château des ducs de Normandie, et l'usage de s'y rendre en procession remontait à une époque où l'on enfermait les prisonniers dans les prisons du château. Sur la place s'élevait — on l'y voit encore — une plate forme en pierre, à laquelle on accédait par des marches. C'est là qu'ils apportaient la châsse *(fierte)* de Saint-Romain, et c'est là aussi que l'on conduisait le prisonnier. Il montait sur l'estrade, confessait ses péchés et recevait l'absolution; puis il soulevait à trois reprises la châsse de Saint-Romain, tandis que la foule innombrable réunie sur la place criait à chaque fois : « Noël ! Noël ! Noël ! », ce qui voulait dire : « Dieu soit avec nous ! » La procession se reformait alors et retournait à la cathédrale. A sa tête marchait un bedeau habillé en violet, qui portait sur une perche l'effigie en osier du dragon ailé de Notre-Dame, avec un gros poisson dans la gueule. Les murmures et les cris que soulevait l'apparition du monstre se perdaient dans les bruyantes fanfares des cornets, des clairons et des trompettes. Derrière les musiciens, qui portaient les livrées du Maître de la Confrérie de Notre-Dame, avec ses armes sur un drapeau en taffetas, venait la châsse sculptée et dorée de Notre-Dame. Elle était suivie par le clergé de la cathédrale, au nombre de deux cents, qui portait des bannières, des croix et des châsses, et chantait le cantique *De resurrectione Domini*. L'archevêque venait enfin, qui donnait sa bénédiction à la foule compacte qui se pressait dans les rues. Le prisonnier lui-même marchait derrière, tête nue, couronné de fleurs, et il portait d'un côté la litière qui soutenait la châsse de Saint-Romain ; les chaînes qui l'avaient lié pendaient de la litière ; avec lui, des torches allumées à la main, venaient les hommes ou les femmes qui, pendant les sept dernières années, avaient obtenu leur grâce de la même façon. Un autre bedeau, en livrée violette, arrivait ensuite ; il portait, au bout d'une perche, l'effigie en osier du dragon *(Gargouille)* qu'avait détruit Saint-Romain ; dans sa gueule, le dragon tenait parfois un animal vivant, un jeune renard, un lapin, un cochon de lait, et il était suivi par la Corporation des Gargouillards. Le clergé des trente-deux paroisses de Rouen prenait part aussi à la procession, qui allait de la Vieille Tour à la cathédrale au milieu des acclamations de la foule ; de tous les clochers de la cité, retentissait

un gai carillon, et le grand *Georges d'Amboise*
sonnait entre toutes les cloches. La messe une
fois célébrée dans la cathédrale, on emmenait
le prisonnier chez le Maître de la Confrérie de
Saint-Romain, où on le logeait, le régalait et
le servait magnifiquement, quelque humble qu'il
fût de naissance. Le lendemain matin, il se pré-
sentait à nouveau au chapitre ; là, il s'age-
nouillait, en présence d'une grande assemblée,
on lui reprochait sévèrement ses péchés, et on
l'engageait à rendre grâces à Dieu, à Saint-
Romain, et aux chanoines, pour le pardon qu'il
avait obtenu en vertu du privilège.

ISIS ET LE DIEU DU SOLEIL

L'homme primitif crée ses dieux à son image.
Le philosophe Xénophane remarque déjà, au
sixième siècle avant notre ère, que les dieux
nègres ont le teint noir et le nez camus; que les
dieux des Thraces ont le teint vermeil et les
yeux bleus; et que si les chevaux, bœufs et lions
croyaient à des dieux et avaient des mains pour
reproduire leurs traits, ils donneraient probablement à leurs divinités des formes chevalines,
bovines ou léonines. Aussi, de même que le

sauvage cache furtivement son véritable nom, de crainte que les sorciers n'en fassent un mauvais usage, de même il s'imagine que ses dieux doivent garder leur nom secret, de peur que d'autres dieux ou même que des hommes n'apprennent ces sons mystiques et n'aillent alors s'en servir pour des incantations. Nulle part cette conception primitive du secret et de la vertu magique des noms divins n'a été affirmée plus clairement ou développée plus pleinement que dans l'ancienne Égypte, où les superstitions d'un passé perdu étaient embaumées dans le cœur des habitants non moins sûrement que les corps des chats, des crocodiles, et du reste de leur ménagerie divine, en leurs tombeaux taillés dans le roc. Cette conception est illustrée d'une façon frappante par une histoire qui narre comment la subtile Isis arracha le secret de son nom à Ra, le grand dieu égyptien du soleil. Isis, dit l'histoire, était une femme ayant une haute facilité de parole qui, fatiguée du monde des hommes, soupirait après le monde des dieux. Et elle méditait en son cœur, disant : « Ne pourrais-je pas, à l'aide du grand nom de Ra, me faire déesse et régner comme lui sur le ciel et la terre ? » Car Ra avait plusieurs noms, mais le grand nom qui le rendait tout-puissant sur les dieux et les hommes n'était connu que de lui. Or le dieu était alors devenu vieux; il bavait et sa salive tombait ainsi par terre. Isis ramassa donc cette salive, et, avec elle, un peu de terre; en pétrit un serpent et le plaça sur le sentier dans lequel le grand dieu passait chaque jour pour gagner son double royaume selon le désir de son cœur. Et quand il y passa, selon son habitude, accompagné de toute sa troupe de dieux, le serpent sacré le mordit; le dieu ouvrit la bouche pour crier, et son cri monta au ciel. Et tous les dieux s'écrièrent : « Qu'as-tu ? » et « Voyez et contemplez ! » Mais il ne pouvait répondre; ses mâchoires claquaient, ses membres tremblaient, le poison courait dans ses veines comme le Nil sur le pays. Quand le grand dieu eut calmé son cœur, il cria à sa suite : « Venez à moi, ô mes enfants, postérité de mon corps. Je suis prince, fils de prince, semence divine d'un dieu. Mon père a inventé mon nom; mon père et ma mère m'ont donné mon nom, et il est resté caché dans mon corps depuis ma naissance, pour qu'aucun magicien ne pût rien sur moi. Je suis sorti pour contempler mon œuvre, je marchais dans les deux régions que j'ai créées, et voilà, quelque chose m'a piqué. Qu'était-ce ? Je ne sais. Était-ce du feu ? Était-ce de l'eau ? Mon cœur est en flammes, ma chair tremble, tous mes membres chancellent. Amenez-moi les enfants des dieux aux paroles de guérison, aux lèvres capables de comprendre, eux dont la puissance atteint le ciel. » Alors les enfants des dieux vinrent à lui, et ils étaient très affligés. Et Isis vint avec son art, elle dont la bouche est pleine du souffle de la vie, dont les charmes chassent la douleur, dont la parole fait vivre les morts. Elle dit : « Qu'est-ce, Père divin ? Qu'est-ce donc ? » Le dieu saint ouvrit la bouche, il parla et dit : « J'allais mon chemin, je marchais selon le désir de mon cœur dans les deux régions que j'ai créées pour contempler mon œuvre, et voilà ! Un serpent que je n'avais pas vu m'a piqué. Est-ce du feu ? Est-ce de l'eau ? J'ai plus froid que l'eau ; j'ai plus chaud que le feu ; je sue de tous mes membres ; je tremble ; mon regard n'est point ferme, je ne vois point le ciel, l'humidité se répand sur mon visage comme en été. » Alors parla Isis : « Dis-moi ton nom, Père divin, car l'homme vivra qui sera appelé par ton nom. » Alors Ra répondit : « J'ai créé les cieux et la terre, les montagnes, la grande et vaste mer, j'ai étendu les deux horizons comme un rideau. Je suis celui qui ouvre ses yeux et crée la lumière, qui les ferme et produit les ténèbres. A l'ordre de qui le Nil s'élève, mais dont les dieux ne savent pas le nom. Je suis Khepera le matin, je suis Ra à midi, je suis Tum le soir. » Mais le

poison restait en lui; il s'infiltrait plus profondément, et le grand dieu souverain ne pouvait
plus marcher. Alors Isis lui dit : « Ce n'est pas
ton nom que tu m'as dit. Dis-le moi, pour que le
poison puisse partir, car il vivra celui dont le nom
sera prononcé. » Maintenant le poison brûlait
comme du feu, il était plus ardent que la flamme
du feu. Le dieu dit : « Je consens à ce qu'Isis
me scrute, et que mon nom pénètre de mon sein
dans son sein. » Alors le dieu se cacha aux regards des autres dieux, et sa place était vide
dans le vaisseau de l'éternité. C'est ainsi que le
nom du grand dieu lui fut dérobé, et Isis, la
sorcière, dit : « Va-t-en, poison, va-t-en loin de
Ra. C'est moi, moi-même, qui vais vaincre le
poison et l'abattre; car on a dérobé le nom du
grand dieu. Que Ra vive et que le poison
meure. » Ainsi parla Isis, reine des dieux, celle
qui connaît Ra et son vrai nom.

LA MORT D'ADONIS

On disait que le sang d'Adonis avait fait éclore
l'anémone rouge, qui en avait pris la couleur.
Le nom de la fleur vient sans doute de Naaman
(« chéri »), qui paraît avoir été une épithète

d'Adonis. Les Arabes appellent encore l'anémone « blessures du Naaman ». La rose rouge passait aussi pour devoir sa nuance au même deuil : Aphrodite, se hâtant de rejoindre son amant blessé, avait marché sur un buisson de roses blanches; les épines cruelles avaient déchiré sa peau délicate, et son sang avait pour toujours teint en rouge ces roses blanches. Il serait vain, peut-être, d'attacher trop d'importance à une preuve tirée du calendrier des fleurs, et surtout de presser un argument aussi fragile qu'un bouton de rose; mais, pour autant que l'on puisse se fonder sur elle, la tradition qui associe la rose de Damas et la mort d'Adonis paraît indiquer que l'on célébrait la fête de sa Passion en été plutôt qu'au printemps. En Attique, cela est certain, la fête tombait en plein été. Car la flotte qu'Athènes équipa contre Syracuse, et dont la destruction porta un coup si rude et si durable à sa puissance, mit à la voile au cœur de l'été, au moment même où, par une coïncidence de mauvais présage, on célébrait les rites lugubres d'Adonis. Tandis que les troupes descendaient en rang vers le port pour s'y embarquer, les rues qu'elles traversaient étaient couvertes de cercueils et d'effigies de cadavres, et l'air était déchiré par les gémissements des femmes qui se lamentaient sur la mort d'Adonis.

Cette circonstance inspira des pressentiments
sinistres, le jour où appareillait la plus magnifique
expédition qu'Athènes eût jamais envoyée sur
les mers. Bien longtemps après, quand l'empereur Julien fit son entrée dans Antioche,
il trouva de même la gaie et somptueuse capitale
de l'Orient plongée dans le deuil par la mort
d'Adonis; et s'il était déjà en proie à des appréhensions funestes, les thrènes qui frappèrent
son oreille ont dû sonner pour lui comme un
glas.

PERSÉPHONE ET DÉMÉTER

La jeune Perséphone cueillait des roses et des
lys, des crocus et des violettes, des jacinthes et
des narcisses dans une prairie plantureuse;
la terre s'ouvre: Pluton, Prince des Trépassés,
sort de l'abîme; il emporte la vierge sur un char
doré dans les ténèbres du monde souterrain;
il en fait à la fois son épouse et sa reine. La mère
éplorée, Déméter, cache ses tresses d'or sous
un sombre manteau de deuil; elle cherche sa fille
sur terre et sur mer; le Soleil la renseigne sur le
sort de son enfant; Déméter, débordant de colère contre les dieux, s'éloigne d'eux, et va ha-

biter Eleusis. Arrivée dans cette ville, costumée en vieille, elle reste tristement assise à l'ombre d'un olivier sur la margelle du Puits de la Vierge; c'est là que les filles du roi viennent puiser de l'eau, dans des cruches de bronze, pour la maison paternelle. Déméter se présente à elles. La déesse, frémissant de courroux à la perte de sa fille, défend à la semence de sortir de terre; elle la garde cachée dans le sol, jurant qu'elle ne laissera jamais germer le blé dans le sillon, et qu'elle-même ne remettra jamais le pied sur l'Olympe, jusqu'à ce que son enfant lui soit rendue. C'est en vain que la crosse du labour, traînée par les bœufs, passe et repasse en tous sens dans les champs; c'est en vain que le semeur répand ses grains d'orge dans les bruns sillons; les champs desséchés et friables ne produisent rien. Même la plaine de Raros, près d'Eleusis, où, d'ordinaire, ondulaient les blondes moissons, reste dénudée et en friche. L'humanité aurait péri de faim, les dieux auraient été privés des sacrifices qui leur étaient dûs, si Zeus, effrayé, n'avait ordonné à Pluton d'abandonner sa proie, de rendre son épouse, Perséphone, à Déméter, sa mère. Le farouche roi des morts obéit, mais sourit dans sa barbe, car avant de renvoyer sa reine, dans le char doré, vers les régions supé-rieures, il lui fait manger les pépins d'une

grenade, qui assureront son retour vers lui.
Zeus stipule pourtant que Perséphone passera
les deux tiers de l'année avec sa mère et les
dieux, dans le monde des vivants, et l'autre
tiers avec son époux, dans le monde des ombres
qu'elle quittera à chaque printemps, au moment
où la terre se pare de fleurs. Gaiement alors la
fille remonte à la lumière du soleil; gaiement sa
mère l'accueille et lui saute au cou; et dans la
joie que lui cause le retour de sa fille, Déméter
fait sortir le blé des mottes dans les champs
labourés et charge la vaste terre de feuilles et
de fleurs.

COMMENT LES DAYAKS DE LA CÔTE APPRIRENT A PLANTER LE RIZ

Les Dayaks de la Côte expliquent comment ils
en vinrent pour la première fois à planter le riz
et à vénérer les oiseaux dont ils tirent des présages
et qui jouent un rôle si important dans leur vie.
Il y a bien, bien longtemps, dit l'histoire, lorsqu'on ne connaissait pas encore le riz, et que les
Dayaks vivaient de tapioca, d'ignames, de pommes
de terre et des fruits qu'ils pouvaient se procurer,
un chef jeune et beau du nom de Siu alla dans

la forêt avec sa sarbacane pour tuer des oiseaux.
Il erra sans voir un oiseau ou rencontrer un animal, jusqu'au moment où le soleil disparaissait à
l'occident. Il arriva alors à un figuier sauvage,
couvert de fruits mûrs, qu'un essaim d'oiseaux
de toutes espèces était en train de becqueter
avec ardeur. Jamais de sa vie il n'avait vu autant
d'oiseaux ensemble ! On eût dit que tous les
volatiles de la forêt s'étaient réunis dans les
branches de cet arbre. Il en tua un grand nombre
en les criblant de flèches empoisonnées, et mit
ce gibier dans un panier, puis voulut revenir
chez lui. Mais il se fourvoya dans le bois, et la
nuit était tombée avant qu'il n'aperçût enfin les
lumières et entendît les bruits familiers d'une
maison Dayak. Il cacha son arme, ainsi que les
oiseaux tués dans la jungle, et grâce à l'échelle
extérieure, il entra dans la maison ; mais quelle
ne fut pas sa surprise de trouver le logis désert.
Personne dans la longue vérandah, nul de ceux
dont il avait entendu les voix une minute auparavant. Ce n'est qu'au fond d'une des nombreuses
pièces, faiblement éclairées, qu'il trouva une belle
jeune fille, qui lui prépara son repas du soir.
Or, bien que Siu l'ignorât, la maison était celle
du grand Singalang Burong, le Souverain du
Monde des Esprits. Il avait, de même que sa
suite, le pouvoir de prendre n'importe quelle

forme. Quand ils partaient en guerre contre un ennemi, ils prenaient la forme d'oiseaux pour être rapides, et volaient par-dessus les arbres, les fleuves, voire même la mer. Mais chez lui et parmi son peuple, Singalang Burong apparaissait en homme. Il avait huit filles, et celle qui préparait le repas de Siu était la plus jeune. Si la maison était si tranquille et si déserte, c'est que tout le monde pleurait certains parents qui venaient d'être tués, et que les hommes étaient partis pour s'emparer de têtes humaines en guise de vengeance. Siu resta à la maison une semaine; la jeune fille, dont le surnom familier était Bunsu Burong, « la plus jeune de la famille des oiseaux », consentit à l'épouser; mais elle lui fit promettre de ne jamais tuer ou blesser d'oiseau, même de n'en jamais tenir un dans ses mains; s'il violait sa promesse, elle cesserait d'être sa femme. Siu promit, et ils retournèrent ensemble vers son peuple.

Ils vécurent heureux, et la femme de Siu eut un fils qu'ils appelèrent Seragunting. Un jour que le garçon, très grand et très fort pour son âge, jouait avec ses camarades, un homme apporta des oiseaux qu'il avait pris au piège. Oubliant la promesse qu'il avait faite à sa femme, Siu demanda à l'homme de lui montrer les oiseaux; il en prit un dans ses mains et le caressa.

Sa femme le vit et s'affligea. Elle prit les cruches et sortit comme pour aller puiser de l'eau. Mais jamais elle ne revint. Siu et son fils la cherchèrent, éplorés, pendant des jours. Enfin, après bien des aventures, ils arrivèrent à la maison du grand'père du garçon, Singalang Burong, souverain du Monde des Esprits. Ils trouvèrent là l'épouse disparue, et y séjournèrent quelque temps. Mais Siu, en son cœur, soupirait après son ancienne demeure. Il essaya de persuader à sa femme de retourner avec lui; ce fut en vain. Lui et son fils repartirent donc enfin, seuls. Mais, avant son départ, son beau-père lui apprit à planter le riz, à respecter les oiseaux sacrés, et à tirer des présages de leur vol. Ces oiseaux furent appelés par les noms des gendres du Souverain du Monde des Esprits, et ils furent les intermédiaires par lesquels il fit connaître ses volontés au genre humain. C'est ainsi que les Dayaks de la Côte apprirent à planter le riz et à honorer les oiseaux.

POURQUOI LES RAJAHS DE NAGPOUR ONT POUR EMBLÈME LE SERPENT

Les armes du Maharajah de Nagpour représentent un cobra à visage humain sous son capuchon déployé et entouré de tous les insignes de la royauté. En outre, le Rajah et les principaux membres de sa famille portent toujours des turbans arrangés de telle sorte qu'ils ressemblent à un serpent enroulé dont la tête avance sur le front de l'homme. On explique cet emblème par une histoire du type de « la Belle et la Bête ». Un Nija ou serpent du nom de Pundarika revêtit une fois l'image d'un brahmane, et se rendit sous ce déguisement chez un véritable brahmane à Bénarès, pour se perfectionner dans la connaissance des livres saints. Le professeur fut si satisfait des progrès de son élève qu'il lui donna pour femme son unique enfant, la belle Parvati. Mais le subtil serpent, s'il pouvait revêtir n'importe quelle forme à son gré, ne pouvait se débarrasser de sa langue fourchue et de sa mauvaise haleine. Il s'efforçait toujours de cacher à sa femme ces défauts de sa personne. Une nuit, cependant, elle découvrit ces particularités désagréables. Elle l'interrogea assez aigrement; il proposa, pour détourner son attention, un pèlerinage à Juggernaut. La pensée de visiter cette ville d'eau à la mode enchanta tellement la dame qu'elle en oublia entièrement de poursuivre son enquête. Sa curiosité se ranima cependant au retour; elle posa des questions telles que le serpent, mari au cœur tendre, ne put

les éluder; il savait bien pourtant que la révé-
lation qu'il allait faire le séparerait à jamais, lui
l'immortel, de son épouse mortelle. Il raconta
l'histoire merveilleuse, plongea dans un étang
et disparut. Sa pauvre femme fut inconsolable
après ce départ précipité; au milieu de son chagrin
et de ses remords, elle donna le jour à un enfant.
Mais au lieu de se réjouir de cette naissance,
elle éleva un bûcher et périt dans les flammes.
Un brahmane survint à ce moment; il aperçut
l'enfant abandonné, protégé par un grand serpent
à lunettes. C'était le cobra, son père, qui veillait
sur son fils. Il raconta son histoire au brahmane,
et prédit que l'enfant porterait le nom de Phani-
Makuta Raya, c'est-à-dire « le serpent couronné »
et règnerait comme rajah sur le pays qui s'appellerait Nagpour. C'est pourquoi les rajahs de
Nagpour ont un serpent dans leurs armoiries.

LE ROI ATHAMAS

Il y avait autrefois, dans la Grèce ancienne,
un roi du nom d'Athamas; il épousa une femme
appelée Néphélé et eut d'elle un fils appelé
Phrixus et une fille Hellé. Puis il prit une seconde femme Ino dont il eut deux fils, Léarque

et Mélicerte. Mais sa seconde femme était jalouse des enfants de la première et elle complota leur mort. Elle s'y prit très habilement pour arriver à ses fins. Tout d'abord, elle persuada aux femmes du pays de faire griller en secret le blé des semailles avant de le confier à la terre. Aussi nulle récolte ne poussa l'année suivante et le peuple mourut de famine. Le roi envoya alors des messagers à l'oracle de Delphes pour se renseigner sur la cause de la disette. Mais la méchante belle-mère corrompit le messager et lui ordonna de déclarer comme réponse du dieu, que la famine ne cesserait pas tant que les enfants qu'Athamas avait eus de sa première femme n'auraient pas été sacrifiés à Zeus. En apprenant cela, Athamas envoya chercher les enfants, qui se trouvaient avec les troupeaux de moutons. Mais un bélier à la toison d'or ouvrit la bouche, se mit à parler avec une voix humaine, et avertit les jeunes gens du danger. Ils montèrent donc sur le bélier, et s'envolèrent avec lui par-dessus la terre et la mer. Mais, pendant qu'ils étaient au-dessus des flots, la jeune fille glissa du dos de l'animal et se noya. Son frère Phrixus parvint sain et sauf en Colchide, où régnait un enfant du soleil. Phrixus épousa la fille du roi, qui lui donna un fils, Cytisore. Il sacrifia le bélier à la toison d'or

à Zeus, le dieu de la Fuite; d'aucuns prétendent qu'il le sacrifia à Zeus Laphystien. Quant
à la toison d'or elle-même, il la donna au père
de sa femme, qui la cloua à un chêne, gardé par
un dragon toujours en éveil, dans le bois sacré
d'Arès. Pendant ce temps, un oracle avait ordonné que le roi Athamas lui-même fût sacrifié, en
victime expiatoire pour tout le pays. Les habitants le décorèrent donc de guirlandes, comme
une victime, et le conduisirent à l'autel; ils
allaient l'y sacrifier quand il fut sauvé, soit
par son petit-fils Cytisore, qui arrivait juste
à point de Colchide, soit par Hercule, qui
apportait la nouvelle que le fils du roi,
Phrixus, était en vie. Athamas fut ainsi sauvé,
mais il finit par devenir fou et, prenant
son fils Léarque pour une bête sauvage, il le
tua. Il essaya ensuite de tuer son dernier fils
Mélicerte, mais l'enfant fut sauvé par sa
mère Ino, qui accourut et se jeta avec lui, du
haut d'un rocher élevé, dans les vagues. La
mère et le fils furent changés en divinités ma-
rines, et le fils fut adoré surtout dans l'île de
Ténédos, où on lui sacrifiait des petits enfants.
Le malheureux Athamas, privé ainsi de sa femme
et de ses enfants, quitta le pays; il demanda à
l'oracle où il devrait habiter. L'oracle lui répondit de demeurer là où les fauves le rece-

vraient. Il rencontra une meute de loups dévorant des moutons, qui s'enfuirent à sa vue et lui laissèrent les restes ensanglantés de leurs proies. L'oracle fut ainsi accompli. Mais comme le roi Athamas n'avait pas été sacrifié en victime expiatoire pour tout le pays, les dieux décrétèrent que le rejeton aîné de sa famille, à chaque génération, devrait sans exception être sacrifié, s'il mettait jamais le pied dans le prytanée où un membre de la maison d'Athamas déposait les offrandes à Zeus Laphystien. Xerxès apprit que plusieurs membres de la famille avaient fui à l'étranger pour échapper à ce sort; mais certains étaient revenus longtemps après; des sentinelles les surprirent en train de pénétrer dans le prytanée; ils furent parés de guirlandes, conduits en procession, et sacrifiés.

LE ROI VIKRAMADITYA

On raconte l'histoire suivante sur Ujjain, l'antique capitale de Mlawa dans l'Inde occidentale, où le fameux roi Vikramaditya tint, dit-on, sa cour, s'entourant d'un cercle de poètes et de savants. La tradition rapporte qu'une fois un diable, qui avait sous ses ordres une légion entière de démons, élut domicile à Ujjain, où il tourmentait et dévorait les habitants. Beaucoup déjà avaient été sa proie et d'autres avaient abandonné le pays pour mettre leur vie à l'abri. La cité autrefois très peuplée se transformait en désert. A la fin, les principaux citoyens, réunis en conseil, supplièrent le diable de se contenter de la ration d'un homme par jour ; on le lui procurerait, pour permettre aux autres de jouir d'une journée de repos. Le démon accepta l'offre ; mais il exigea que l'homme dont c'était le tour d'être sacrifié montât sur le trône et exerçât pendant un jour le pouvoir royal ; tous les grands du royaume se soumettraient à ses ordres, et chacun lui devrait l'obéissance la plus absolue. La nécessité contraignit les citoyens à accepter ces dures conditions ; leurs noms furent inscrits sur une liste ; chaque jour l'un d'eux régnait du matin jusqu'au soir, puis était dévoré par le démon.

Or, il arriva par un fort heureux hasard, qu'une caravane de marchands de Gujerat s'arrêta sur les rives d'un fleuve, non loin de la ville. Ils étaient accompagnés d'un serviteur qui n'était autre que Vikramaditya. A la tombée de la nuit, les chacals se mirent à hurler, à leur habitude, et l'un d'eux dit dans sa langue : « Dans deux heures, un cadavre humain flottera sur le fleuve, avec quatre rubis de grand prix à sa ceinture et une bague de turquoise au doigt. Celui qui me donnera ce cadavre à dévorer règnera sur les sept terres. » Vikramaditya, qui savait le langage des oiseaux et des bêtes, comprit ce que disait le chacal, lui donna le corps à dévorer, et s'empara de la bague et des rubis. Il entra dans la ville le lendemain, et en traversant les rues, il remarqua une troupe de chevaux tout harnachés, formant une escorte royale, à la porte d'un potier. Les grands de la ville étaient là et la garnison avec eux. Ils essayaient de persuader au fils du potier de monter sur un éléphant et de se rendre en grande pompe au palais. Mais, si étrange que cela paraisse, au lieu d'être fiers de l'honneur dont leur fils était l'objet, le potier et sa femme restaient debout sur leur seuil à pleurer et à sangloter amèrement. Apprenant ce qu'il en était, le chevaleresque Vikramaditya fut ému de pitié; il proposa d'accepter lui-même la souveraineté fatale à la place du fils du potier, en disant qu'il délivrerait le peuple de la tyrannie du démon ou qu'il trouverait la mort dans sa tentative. Il revêtit donc les robes royales, prit tous les insignes du pouvoir, monta sur un éléphant, et alla en grande pompe au palais; là, il s'assit sur le trône, tandis que les dignitaires du royaume s'acquittaient en sa présence de leurs diverses fonctions. Le soir, le démon arriva comme de coutume pour le dévorer. Mais Vikramaditya était de taille à lui tenir tête ; après un combat terrible, le démon capitula et consentit à quitter la ville. Le lendemain matin, en arrivant au palais, les habitants furent tout surpris de trouver Vikramaditya encore en vie. Ils se dirent que ce n'était pas un mortel ordinaire, mais, bien sûr, quelque être surhumain, ou le descendant d'un grand roi. Reconnaissants envers lui de les avoir délivrés, ils lui conférèrent le pouvoir royal, et ils les gouverna heureusement.

La Femme du Meunier et les deux Chats gris

On raconte en Silésie l'histoire d'un apprenti-meunier, jeune gas robuste et travailleur, qui partit chercher de la besogne. Il arriva un beau jour à un moulin; le meunier avait bien besoin d'un apprenti; mais il hésitait à en engager un, car tous ses apprentis jusqu'ici s'étaient sauvés pendant la nuit, et, quand il descendait, le matin, il trouvait le moulin arrêté. Pourtant le jeune homme lui plaisait, et il le prit à son service. Ce que le nouvel apprenti apprit sur le moulin et ses prédécesseurs n'était guère encourageant; aussi, la première nuit où il dut veiller dans le moulin, il prit soin de se munir d'une hache et d'un livre de prières; il surveillait d'un œil les roues bourdonnantes et actives, et de l'autre ne quittait pas le livre de piété, qu'il lisait à la lumière tremblotante d'une chandelle. Les heures s'écoulèrent d'abord bien tranquillement; nul bruit que les monotones tic-tacs des machines. Sur le coup de minuit, comme il lisait encore, la hache sur la table à portée de ses mains, la porte s'ouvrit; deux chats gris, un jeune et un vieux, entrèrent en miaulant. Ils s'assirent en face

de lui; mais on voyait bien qu'ils étaient mécontents de le trouver éveillé, avec la hache et le
livre de prières. Tout à coup le vieux chat allongea
la patte et voulut saisir la hache; le jeune homme
devança son geste et la retint solidement. Le
jeune chat essaya alors de s'emparer du livre de
prières; l'apprenti le tint ferme. Furieux d'être
ainsi joués, les deux animaux se mirent à miauler
et à faire un tumulte si infernal que le jeune
homme eut bien de la peine à dire ses prières. Un
peu avant une heure, le jeune chat bondit sur la
table et tâcha d'éteindre la chandelle d'un coup de
patte. L'apprenti saisit sa hache et lui trancha la
patte, sur quoi les deux chats disparurent avec
un hurlement terrible. Le jeune homme enveloppa
la patte dans du papier pour la montrer à son
maître. Grande fut la joie du meunier quand,
le lendemain matin, il trouva, en descendant, le
jeune homme à son poste et tout en ordre dans le
moulin. L'apprenti lui raconta ce qui était arrivé
pendant la nuit et lui donna le paquet qui renfermait la patte du chat. Le meunier l'ouvrit,
et il faillit tomber d'étonnement en y trouvant,
non point une patte de chat, mais une main de
femme. Au petit déjeuner, la femme du meunier
ne vint pas prendre sa place à table comme d'habitude. Elle était malade et couchée; il fallut
appeler le docteur pour soigner son bras; en

coupant du bois, elle s'était, disait-on, coupé par mégarde la main droite. Mais l'apprenti rassembla ses hardes et, avant le coucher du soleil, il avait laissé loin derrière lui ce moulin.

PUNCHKIN ET LE PERROQUET

Une histoire indoue nous raconte comment un magicien appelé Punchkin tenait une reine captive depuis douze ans; il aurait bien voulu l'épouser, mais elle ne le voulait pas. A la fin, le fils de la reine vint pour la secourir, et complota avec sa mère la mort de Punchkin. La reine enjôla le magicien avec de douces paroles, et fit semblant de s'être décidée enfin à l'épouser : « Et dites-moi, » lui dit-elle, « êtes-vous bien immortel ? La mort ne peut-elle jamais vous atteindre ? Êtes-vous un enchanteur trop grand pour jamais sentir la souffrance humaine ? » « Il est vrai, répondit-il, que je ne suis pas comme les autres. Bien, bien loin d'ici, à des centaines de milliers de lieues, s'étend un pays désolé couvert d'une jungle épaisse. Au milieu de la jungle pousse un cercle de palmiers, et au milieu de ce cercle se trouvent six récipients pleins d'eau, empilés l'un sur l'autre; au-dessous du sixième il y a une petite cage, qui renferme un petit perroquet vert; ma vie dépend de la vie du perroquet; et si le perroquet est tué, je dois mourir. Il est cependant impossible, ajouta-t-il, que le perroquet souffre aucun mal, d'abord parce que le pays est inaccessible, et aussi parce que, sur mon ordre, des milliers de génies entourent les palmiers, pour tuer tous ceux qui s'approchent. » Mais le jeune fils de la reine surmonta toutes les difficultés, et s'empara du perroquet. Il l'apporta à la porte du magicien, et se mit à jouer avec lui. Punchkin, le magicien, le vit, sortit et essaya de persuader au jeune homme de lui donner le perroquet. « Donne-moi mon perroquet ! » cria Punchkin. Le jeune homme, alors, saisit le perroquet et lui arracha une aile; en même temps, le bras droit du magicien tomba. Punchkin étendit alors le bras gauche en criant : « Donne-moi mon perroquet ! » Le prince arracha la seconde aile du perroquet, et le bras gauche du magicien tomba. « Donne-moi mon perroquet ! » cria-t-il et il se mit à genoux. Puis, le prince arracha la patte droite du perroquet, et la jambe droite du magicien tomba; le prince arracha la patte gauche et la jambe gauche du magicien tomba. Il ne lui restait plus que le tronc et la tête; mais il roulait encore des yeux menaçants et criait : « Donne-moi mon perroquet ! » — « Prends-le donc, ton perroquet, » s'écria l'enfant ; et il tordit le cou à l'oiseau, et le lança sur le magicien ; en même temps, la tête de Punchkin se tordit et il mourut en poussant un gémissement effrayant.

KOSHCHEI L'IMMORTEL

Un magicien appelé Koshchei l'Immortel ravit une princesse et la garda prisonnière dans son château doré. Cependant, un prince, un jour qu'elle se promenait toute seule, et affligée, dans le jardin du château, vint lui parler et gagna ses bonnes grâces ; encouragée par la perspective de s'échapper avec lui, elle alla vers le magicien, et le cajola avec des paroles flatteuses et trompeuses, disant : « Mon très cher ami, dis-moi, je t'en prie, mourras-tu jamais ? — Jamais, certes », dit-il. « Eh bien, répond-elle, où est ta mort ? Est-elle dans ta maison ? — Oui, bien sûr, dans le balai sous le seuil. » Sur quoi la princesse saisit le balai et le lança dans le feu ; mais le balai brûlait, et l'immortel Koshchei restait en vie ; pas un seul de ses cheveux n'était même roussi. Déçue dans sa première tentative, l'artificieuse jeune fille fit la moue et dit : « Tu ne m'aimes pas vraiment, puisque tu ne m'as pas dit où est ton âme ; mais je ne suis pas en colère ; je t'aime de tout mon cœur. » Avec ces paroles caressantes, elle pria le magicien de lui dire sincèrement où était sa mort. Il se mit alors à rire et dit : « Pourquoi veux-tu le savoir ? Eh bien, par amour, je te le dirai. Dans un certain champ, il y a trois chênes, et sous les racines du plus gros, il y a un ver ; si on trouve ce ver et si on l'écrase, je mourrai à l'instant. » Quand la princesse eut entendu ces mots, elle alla tout droit vers son amant, et lui dit tout ; il chercha jusqu'à ce qu'il eût découvert les chênes, creusa, trouva le ver et l'écrasa. Il se précipita alors au château de l'enchanteur, mais seulement pour apprendre que celui-ci était encore en vie. La princesse se mit encore à caresser et à cajoler Koshchei et cette fois, vaincu par ses artifices, il lui ouvrit son cœur et lui dit la vérité. « Ma mort, dit-il, est loin d'ici, et difficile à trouver, sur le vaste océan. Dans cet océan, il y a une île, et sur l'île pousse un chêne vert ; sous le chêne se trouve un coffre de fer, dans le coffre un petit panier, dans le panier un lièvre, dans le lièvre un canard, et dans le canard un œuf ; celui qui trouve l'œuf et le casse me tue en même temps. » Le prince naturellement se procura l'œuf fatal, et, le tenant dans ses mains, il vint en présence du magicien

immortel. Le monstre l'aurait tué, mais le prince
se mit à serrer l'œuf. Le magicien alors poussa
des cris de douleur, et se tournant vers la perfide
princesse qui était là, minaudant et souriant :
« N'était-ce pas par amour pour toi, lui dit-il,
que je t'ai dit où était ma mort ? Est-ce là ce que
tu me donnes en retour ? » Il essaya en même
temps d'empoigner son épée, qui était suspendue
à un clou au mur ; mais avant qu'il eût pu l'atteindre, le prince avait écrasé l'œuf, et l'enchanteur immortel tomba mort au même instant.

LE DRAGON DU MOULIN A EAU

Un dragon vivait dans un moulin à eau ; il
avait dévoré deux fils du roi, l'un après l'autre.
Le troisième fils alla à la recherche de ses frères ;
arrivé au moulin, il n'y trouva qu'une vieille
femme. Elle lui révéla qui était la terrible créature qui gardait le lieu, et comment avaient été
dévorés ses deux frères aînés ; elle l'implora de
s'en retourner chez lui avant de subir le même
sort. Mais lui, qui était brave autant que rusé,
lui répondit : « Écoute bien ce que je vais te
dire. Demande au dragon où il va et où se trouve
sa force ; embrasse, avec un amour feint, tout

l'endroit où il te dira que se trouve sa force, jusqu'à ce que tu le trouves exactement; viens alors me le dire. » Quand le dragon revint, la vieille femme se mit donc à le questionner. « Où étais-tu donc? Dis-le moi, pour l'amour de Dieu. Où vas-tu si loin, sans jamais me l'apprendre? » — « En effet, répondit le dragon, je vais loin en effet. » Et la vieille femme de le cajoler : « Mais pourquoi vas-tu si loin? Dis-moi où est ta force. Si je le savais, je ne sais pas ce que je ferais par amour. J'embrasserais tout l'endroit où elle se trouve. » Le dragon sourit à ces mots : « Voilà où est ma force, dans cet âtre. » La vieille se mit donc à caresser et à embrasser l'âtre; le dragon, à cette vue, éclata de rire. « Sotte vieille, ma force n'est pas là. Elle est dans les excroissances de l'arbre en face de la maison. » La femme aussitôt caressa et embrassa l'arbre; mais le dragon rit et ajouta : « Allons, vieille, ce n'est pas là qu'est ma force. » — « Où donc est-elle? » — « Elle est bien loin d'ici, en un lieu où tu ne peux pas aller. Bien loin, dans un autre royaume, sous la cité du roi, il y a un lac; dans le lac, se trouve un dragon; dans le dragon, un sanglier; dans le sanglier un pigeon; c'est dans ce pigeon qu'est ma force. » Le secret était révélé. Le lendemain matin, quand le dragon s'éloigna du moulin pour vaquer à ses occupations habituelles, consistant à dévorer des gens, le prince alla vers la vieille femme qui lui apprit le secret de la force du dragon. Le prince se mit donc en route pour découvrir cette contrée éloignée et l'autre dragon qui y résidait. Il les trouva enfin; le lac était une nappe d'eau tranquille et solitaire qu'entouraient de vertes prairies; des troupeaux de moutons y paissaient une herbe tendre et succulente. Notre héros retroussa ses chausses et ses manches, s'avança à gué dans le lac et appela à haute voix le dragon en lui demandant de venir se battre. Le monstre sortit bientôt de l'eau, tout plein de vase et dégouttant; son dos couvert d'écailles étincelait sous le soleil du matin. Ils s'empoignèrent l'un l'autre et luttèrent toute cette longue journée d'été. La chaleur et la violence de ses efforts avaient tout à fait épuisé le dragon; il dit : « Laisse-moi partir, prince, pour que je puisse tremper ma tête desséchée dans l'eau du lac et te lancer jusqu'au ciel. Le prince refusa obstinément; le dragon relâcha son étreinte et disparut sous les eaux, qui bouillonnèrent avec un murmure prolongé à l'endroit où il avait disparu. Quand on ne vit plus rien, et que les rides à la surface du lac se furent évanouies, nul n'aurait jamais dit que sous cette eau calme, qui réfléchissait les vertes rives, les blancs troupeaux

dispersés çà et là, le ciel bleu et les nuages floconneux et rayés d'or d'une soirée estivale, se
cachait un animal aussi féroce et aussi dangereux.
Le lendemain, la lutte recommença et son résultat
fut le même. Mais le troisième jour, le héros,
ses forces accrues par un baiser de la belle fille
du roi du pays, projeta le dragon très haut dans
les airs; le monstre retomba sur les eaux avec
un bruit formidable et se brisa en petits morceaux. De ces morceaux s'échappa un sanglier,
qui s'enfuit à toutes jambes. Le prince le fit
pourchasser par les chiens des bergers, qui l'at-
trapèrent et le mirent en pièces. Un pigeon
sortit à son tour des flancs déchirés du sanglier;
le prince fit partir un faucon, qui saisit le
pigeon dans ses serres, et l'apporta au prince.
Ce pigeon renfermait la vie du dragon qui gardait
le moulin; aussi, avant d'infliger au monstre
le sort qu'il méritait si bien, le prince l'interrogea
pour savoir ce qu'étaient devenus ses deux frères.
Il apprit ainsi le moyen de les faire revenir à la
vie, et de délivrer en même temps une foule
d'autres victimes que le dragon tenait prison-
nières dans une oubliette sous le moulin; il
tordit alors le cou du pigeon, et telle fut la fin
du dragon et de ses méfaits.

« Bon Acier »

Un certain magicien, appelé « Bon Acier »,
ravit la femme d'un prince et la tint enfermée
dans sa caverne. Le prince réussit à communiquer
avec sa femme et lui conseilla de persuader à
Bon Acier de lui révéler où était sa force. Quand
Bon Acier rentra, la princesse lui demanda donc :
« Dis-moi où est ta force. » — « Ma force, répondit-il, est dans mon épée. » Elle se mit alors à
prier en se tournant vers son épée. Ce que voyant,
Bon Acier rit et dit : « Sotte femme ! ma force
n'est pas dans mon épée, elle est dans mon arc
et mes flèches. » Elle se tourna donc vers l'arc
et les flèches et pria. « Je vois, dit Bon Acier,
tu as un maître habile qui t'a conseillé de découvrir le secret de ma force. Je pourrais presque
dire que ton mari est en vie, et que c'est lui
qui te donne ces leçons. » Elle l'assura qu'elle
n'avait eu les leçons de personne. Quand elle
vit qu'il l'avait trompée à nouveau, elle attendit
quelques jours, puis lui demanda encore le secret
de sa force. « Puisque tu admires tant ma force,
répondit-il enfin, je vais te dire vraiment où
elle est. Bien loin d'ici, il y a une très haute
montagne ; dans la montagne, il y a un renard ;
dans le renard, un cœur ; dans le cœur, un

oiseau ; c'est dans cet oiseau que se trouve ma force. Mais ce n'est point chose aisée que d'attraper ce renard, car il peut se transformer en une multitude de créatures. » Le lendemain, quand Bon Acier fut sorti de sa caverne, le prince vint et apprit de sa femme où résidait véritablement la force de l'enchanteur. Il se rendit à la montagne ; le renard prit des formes très diverses, mais le prince réussit, avec l'aide de certains aigles, faucons et dragons, à l'attraper et à le tuer. Il prit ensuite le cœur du renard, puis l'oiseau qui était dans ce cœur, et le brûla dans un grand feu. Au même moment, Bon Acier tomba mort.

Le Roi sans Ame

Un prince épousa une princesse et, avec sa main, obtint un royaume. Elle lui donna les clés du château et lui dit qu'il pouvait pénétrer dans toutes les pièces, sauf dans une petite chambre, dont la clé était attachée avec un bout de ficelle. Mais un jour qu'il n'avait rien à faire, le prince s'amusa à fouiller dans tout le château et il pénétra dans la petite chambre défendue. Il y trouva douze têtes et un homme pendu au crochet de la porte. Cet homme dit au prince : « Obligez-moi en allant me chercher un verre de bière. » Le prince y alla et l'homme but, puis dit : « Obligez-moi en me détachant du crochet. » Le prince le délivra. Or cet homme était un roi qui n'avait pas d'âme ; il profita aussitôt de sa liberté pour s'entendre avec le cocher du château ; à eux deux, ils mirent la femme du prince dans la voiture et l'enlevèrent. Le prince les poursuivit à cheval ; quand il les eut rejoints, il cria : « Arrête, Roi sans âme ! Sors et battons-nous ! » Le roi sortit et le combat commença. En un clin d'œil, le roi eut tranché les boutons des vêtements du prince et lui eut percé le flanc. Il sauta dans la voiture et repartit. Le prince reprit sa poursuite à cheval, les rejoignit et cria à nouveau : « Arrête, Roi sans âme ! Sors et viens te battre. » Le roi sortit ; une nouvelle lutte s'engagea, et le roi coupa encore les boutons du prince et lui perça le flanc. Puis, quand il eut soigneusement essuyé et rengainé son épée, il dit à son adversaire défait et abattu. « Écoute-moi. Je t'ai laissé la vie une première fois pour le verre de bière que tu m'as donné, et une seconde fois parce que tu m'as délivré de ce crochet infernal ; mais si tu veux te battre une troisième fois, j'en jure par Dieu, je ferai de toi de la chair à pâté. » Il sauta dans la voiture, commanda au cocher de partir, ferma avec bruit la portière, et disparut comme le vent. Mais le prince le poursuivit au galop ; pour la troisième fois, il le rejoignit et cria : « Arrête, Roi sans âme ! Sors et viens te battre. » Le roi descendit, et tous deux en vinrent aux prises avec un égal acharnement. Mais le prince avait perdu d'avance. Avant même qu'il eût pu se retourner, le roi lui avait transpercé le corps, lui avait tranché la tête, et seul un tas de chair informe gisait sur le sol. Sa femme, ou plutôt sa veuve, dit au roi : « Laisse-moi ramasser ce qui reste de lui ». — « Certainement ! » accorda le roi. Elle fit donc un paquet de cette chair, la plaça sur le siège d'avant de la voiture, et ils partirent vers le château du roi. Or, pour conter brièvement la chose, un beau-frère du défunt prince envoya un épervier chercher l'eau de la vie ; l'épervier l'apporta dans son bec ; le beau-frère répandit l'eau sur les restes du prince, qui revint aussitôt à la vie sain et sauf. Le ressuscité se rendit au château du roi et joua d'un petit chalumeau ; sa femme qui l'entendit du château se dit : « Ceci ressemble à ce que jouait mon mari, avant que le roi ne l'eût coupé en morceaux. » Elle alla vers le portail et lui demanda : « Es-tu mon mari ? » — « Je le suis, » répondit-il, et il la chargea de faire dire au roi où il tenait son âme et de venir le lui rapporter. Elle posa

donc la question au roi. « Mon âme est dans
ce lac là-bas, » fut sa réponse. « Dans ce lac se
trouve une pierre; dans cette pierre un lièvre;
dans ce lièvre un canard, dans ce canard un
œuf et dans cet œuf mon âme. » La femme alla
répéter les choses au prince, son premier mari;
elle lui donna de l'argent et des provisions en
abondance pour le voyage et il se mit en route
vers ce lac. Arrivé sur les rives, il ne savait pas
dans quelle partie il trouverait la pierre; il rôda
longtemps, affamé, car il avait épuisé toutes ses
provisions. Il rencontra un chien qui lui dit :
« Ne me tue pas, car je puis t'être d'un grand
secours en cas de besoin. » Il laissa donc le chien
en vie et alla son chemin. Il vit ensuite un arbre,
sur lequel étaient perchés deux éperviers, un jeune
et un vieux; il monta sur l'arbre pour attraper
le jeune. « Ne prends pas mon petit, lui dit le
vieux; il t'aidera grandement quand tu en auras
besoin. » Le prince descendit donc de l'arbre
et alla son chemin. Il rencontra bientôt un
énorme crabe; il voulut lui casser une patte
pour avoir quelque chose à manger; mais le crabe
lui dit : « Ne me casse pas la patte. Elle pourra
t'être d'un grand secours. » Il laissa donc le
crabe et continua sa marche. Il rencontra enfin
des gens à qui il fit pêcher la pierre dans le lac;
ils la lui apportèrent. Il ouvrit la pierre en deux :

un lièvre s'élança; le chien le saisit et le mit en pièces; un canard sortit du lièvre. Le jeune épervier fondit sur le canard et le déchiqueta; un œuf en tomba qui roula dans le lac. Le crabe alla chercher l'œuf dans le lac et l'apporta au prince. Le roi tomba malade alors. Le prince alla le trouver et lui déclara : « Tu m'as tué. Maintenant, c'est moi qui vais te tuer. » — « N'en fais rien, » supplia le roi. — « Si, si, » répondit l'autre. Il lança donc l'œuf sur le sol, et le roi tomba du lit raide mort. Le prince retourna alors chez lui avec sa femme et ils furent fort heureux, vous pouvez m'en croire.

LE GÉANT DONT L'AME ÉTAIT DANS UN ŒUF DE CANE

Un géant avait ravi la femme d'un roi et ses deux chevaux et il les gardait dans son repaire. Mais les chevaux attaquèrent le géant et le mirent à mal, à tel point qu'il pouvait à grand'peine se traîner. Il dit à la reine : « Si j'avais mon âme, il y a longtemps que ces chevaux m'auraient tué. » « Et où donc est ton âme, mon cher ? J'en prendrai soin, je te le jure. » — « Elle est dans la pierre de Bonnach, » répondit le géant. Le lende-

main, quand le géant fut sorti, la reine arrangea
gentiment cette pierre. Le géant revint le soir, à
la brune, et dit à la reine : « Pourquoi as-tu ainsi
pris soin de la pierre de Bonnach ? » — « Parce
qu'elle renferme ton âme, répondit-elle. » — « Je
vois que si tu savais où est mon âme, tu la traiterais avec grand respect. » — « Certes, répondit
aussitôt la femme. » — « Eh bien, ce n'est pas là
qu'est mon âme, elle est dans le seuil. » Le
lendemain, elle mit bien en ordre le seuil; le
géant, à son retour, de lui demander : « Pourquoi
as-tu ainsi bien arrangé le seuil ? » — « Parce que
ton âme s'y trouve. » — « Je vois que si tu savais
où est mon âme, tu en prendrais grand soin. » —
« Certes, répondit la femme. » — « Eh bien, ce
n'est pas ici qu'est mon âme. Il y a une grande
pierre sous le seuil. Il y a un mouton sous cette
pierre, une cane dans le ventre du mouton,
et un œuf dans le ventre de la cane. C'est dans
cet œuf que se trouve mon âme. » Le lendemain,
quand le géant fut parti, la femme fit enlever
la pierre; le mouton apparut. Du bélier sortit la
cane; de la cane sortit l'œuf. La reine prit l'œuf
et l'écrasa dans ses mains; au même moment,
le géant, qui, dans l'obscurité du crépuscule,
rentrait chez lui, tomba mort.

———————

HUGUES SANS TÊTE

Une histoire des Highlands d'Ecosse raconte comment Hugues, prince de Lochlin, fut longtemps retenu prisonnier par un géant qui habitait dans une caverne qui surplombait le Sound de Mull. A la fin, quand il eut passé bien des années de captivité dans cette affreuse caverne, il arriva qu'une nuit le géant et sa femme eurent une grande discussion. Hugues surprit leur conversation; il apprit ainsi que l'âme du géant se trouvait dans une pierre précieuse qu'il portait toujours sur son front. Le prince attendit une occasion, s'empara de la pierre, et, comme il ne pouvait la cacher, il l'avala. Tel l'éclair qui jaillit des nuages, l'épée du géant sortit de son fourreau et vola entre la tête de Hugues et son corps pour arrêter la pierre précieuse avant qu'elle eût pu descendre dans l'estomac du prince. Il était trop tard; le géant s'abattit, l'épée à la main, et il expira sans pousser un seul râle. Hugues, il est vrai, était maintenant privé de sa tête; mais, comme il avait l'âme du géant dans le corps, il ne se ressentait pas autrement de l'accident. Il s'arma donc de l'épée du géant, monta sur la pouliche grise, plus rapide que le vent d'est, qui jamais n'avait de bride, et retourna chez lui à cheval. Mais, l'absence de sa tête produisit sur ses amis une pénible impression ; ils soutinrent même que c'était un fantôme et lui fermèrent leur porte. Aussi erre-t-il maintenant et à jamais dans les ténèbres, monté sur la pouliche grise plus rapide que le vent. Par les nuits d'orage, quand la bise hurle autour des toits et parmi les arbres, on peut le voir galoper le long du rivage de la mer, « entre la vague et le sable. » Plus d'un méchant petit garçon, qui refusait d'aller se coucher, a été emporté par Hugues Sans Tête sur sa pouliche grise et plus jamais on ne l'a revu.

Les Animaux secourables

Un grand géant, roi de Sorcha, ravit la femme et la pouliche baie au poil bourru du pâtre ou roi de Cruachan. Le pâtre fit cuire un gâteau d'avoine qu'il emporta avec lui et se mit en route pour retrouver sa femme et la pouliche. Il marcha très, très longtemps ; ses semelles étaient à la fin toutes noires, ses joues creuses ; les oiseaux à la tête jaune allaient se coucher aux racines des arbustes et en haut des fourrés, les nuages sombres de la nuit s'amoncelaient et les nuées du jour disparaissaient ; il vit enfin une maison; il en était encore loin, mais il ne mit pas longtemps à l'atteindre. Il entra et s'assit; il n'y avait personne; le feu avait été allumé tout récemment, la maison balayée tout récemment, et le lit nouvellement fait; et qui vit-il entrer ? Nul autre que l'épervier de Glencuaich qui lui dit : « Es-tu ici, jeune fils de Cruachan ? » « Oui, » répondit-il. « Sais-tu, poursuivit l'épervier, qui était ici la nuit dernière ? « Je ne sais pas. » — « Il y avait ici le grand géant, roi de Sorcha, ta femme et la pouliche baie au poil bourru, et le géant proférait cette terrible menace que, s'il t'attrapait, il te trancherait la tête. » — « Je le crois sans peine, » répondit l'autre. L'oiseau lui donna alors à manger et à boire et l'envoya se coucher. Il se leva le matin, lui prépara son déjeuner, et le munit d'un gâteau d'avoine pour son voyage. L'homme se mit en route, et marcha tout le jour; le soir, il arriva à une autre maison, entra, et fut reçu par le canard à la tête verte, qui lui apprit que le géant s'était reposé en ce lieu la nuit précédente avec la femme et la pouliche grise du pâtre de Cruachan. Le pâtre repartit le lendemain et arriva le soir à une autre maison; il entra et fut reçu par le renard de la brousse, qui lui dit exactement ce que l'épervier de Glencuaich et le canard à la tête verte lui

avaient dit. Il en fut de même le jour suivant :
seulement ce fut la loutre brune du ruisselet
qu'il trouva le soir dans une maison où le feu
venait d'être allumé, le parquet d'être balayé,
et le lit d'être préparé. Le lendemain matin à
son réveil, il vit l'épervier de Glencuaich, le
canard à la tête verte, le renard de la brousse,
et la loutre brune qui tous dansaient une ronde
autour de lui. Ils lui préparèrent son déjeuner,
mangèrent avec lui, et lui dirent : « Si tu te
trouves quelque jour dans l'embarras, pense à
nous, et nous t'aiderons. » Or, il arriva ce même
soir à la caverne où demeurait le géant ; il y
trouva sa propre femme. Elle lui donna à manger
et le cacha sous des étoffes au fond de la
caverne. Le géant revint et renifla longuement :
« Il y a l'odeur d'un étranger dans ma caverne, »
dit-il. La femme expliqua que non ; elle avait
simplement fait rôtir un petit oiseau. « Et je
voudrais bien, ajouta-t-elle, que tu me dises
où tu gardes ta vie, pour que je puisse en prendre
soin. » — « Elle est dans une pierre grise là-bas, »
répondit le géant. Le lendemain, quand il fut
parti, elle prit donc la pierre grise, la nettoya
et la plaça tout au fond de la caverne. Le
géant lui demanda le soir à son retour : « Qu'as-
tu placé là ? » — « Ta vie, répondit-elle, et il
nous faut en prendre soin. » — « Je vois que tu

m'aimes bien, mais elle n'est pas là. » — « Où est-elle donc ? » reprit la femme. « Elle est dans un mouton gris sur le flanc de cette colline là-bas. » Le lendemain, elle alla chercher ce mouton gris, le pansa avec le plus grand soin et le plaça au fond de la caverne. Le géant dit le soir à son retour : « Qu'est-ce que tu as placé ici ? » — « Ta propre vie, mon amour ». — « Elle n'est pas là non plus. » — « Eh bien, s'écria-t-elle, j'ai pris beaucoup de peine pour toi et voilà deux fois que tu ne me dis pas la vérité. » Il répondit alors : « Je puis donc te le dire maintenant. Ma vie se trouve sous les pieds du gros cheval dans l'écurie. Il y a là un petit lac. Sur le lac se trouvent sept peaux grises, sur les peaux sept mottes de terre, sous ces mottes sept planches en chêne. Il y a une truite dans le lac, un canard dans le ventre de la truite, un œuf dans le ventre du canard, une épine de prunellier dans l'œuf ; je ne pourrai mourir que quand on mâchera cette épine. Quand l'on touchera les sept peaux grises, les sept mottes de terre, et les sept planches en chêne, je le sentirai où que je sois. J'ai une hache sur ma porte ; il faut, pour atteindre le lac, couper ces peaux, ces mottes et ces planches d'un seul coup de ma hache ; et quand on arrivera au lac, je le sentirai. » Le lendemain, le géant partit à la chasse sur les collines; le pâtre de Cruachan réussit, avec l'aide des animaux secourables, à s'emparer de l'épine merveilleuse et à la mâcher avant que le géant eût pu l'atteindre; sur-le-champ, le géant tomba raide mort.

Le Djinn et le Moineau

Une histoire des *Mille et une Nuits* nous raconte comment Seyf-el-Mulook, après avoir erré pendant quatre mois sur les montagnes, les collines et par les déserts, arriva en un lieu élevé où il trouva la charmante fille du roi de l'Inde assise toute seule sur une couche dorée, dans une grande salle couverte de tapis de soie. Elle lui dit qu'un djinn la retenait prisonnière; il avait fondu sur elle et l'avait ravie tandis qu'elle s'ébattait avec ses servantes dans un réservoir, dans le vaste jardin de son père le roi. Seyf-el-Mulook proposa alors de frapper le djinn de son épée et de le tuer. « Mais, répondit-elle, tu ne pourras pas le tuer avant d'avoir tué son âme. » — « Et où est son âme ? » demanda-t-il. « Je le lui ai demandé maintes fois; jamais il n'a voulu me l'avouer. Un jour cependant je le pressai tant, qu'il se mit en fureur contre moi et me dit : Combien de fois

me poseras-tu ces questions sur mon âme ?
Et pourquoi tiens-tu tant à te renseigner ? » Je ré-
pondis : « O Hâtim, il ne me reste, Dieu excepté,
personne d'autre que toi ; tant que je vivrai, je
voudrais toujours tenir ton âme embrassée ;
et si je ne prends pas soin de ton âme, si je ne la
place pas au milieu de mon œil, comment pourrai-
je vivre après toi ? Si je savais où est ton âme,
je la traiterais comme mon œil droit. » Le djinn
alors lui répondit : « A ma naissance, les astro-
logues déclarèrent que mon âme serait détruite
par la main d'un des fils des rois humains. Je
pris donc mon âme, et je la plaçai dans le jabot
d'un moineau ; j'emprisonnai le moineau dans
une petite boîte ; je mis cette boîte dans une autre,
puis dans sept autres, puis dans sept coffres, et
ces coffres dans une caisse en marbre que j'enfouis
dans un océan qui l'entoure de tous côtés ; ce
lieu est bien loin des pays des hommes, et nul
mortel ne peut y accéder. » Mais Seyf-el-Mulook
s'empara du moineau, et l'étrangla ; le djinn
aussitôt tomba par terre et fut réduit en un
tas de cendres noires.

Le Cœur dans la Fleur de l'Acacia

Il y avait une fois deux frères en Egypte; l'aîné s'appelait Anpu, le cadet Bata. Or Anpu avait maison et femme, et son jeune frère vivait avec lui comme domestique. C'est Anpu qui faisait les vêtements; chaque matin, quand venait l'aube, il conduisait les vaches dans les champs. Il marchait derrière les bêtes, qui lui disaient : « L'herbe est bonne en tel endroit ! » Il les entendait, et les conduisait vers les bons pâturages qu'elles désiraient. Aussi ses vaches devenaient-elles luisantes et grasses et se multipliaient-elles en grand nombre. Un jour que les deux frères travaillaient dans les champs, l'aîné dit au cadet : « Cours chercher des graines au village. » Le jeune frère courut et dit à la femme de son frère aîné : « Donne-moi des graines, pour que je coure les porter au champ; car mon frère m'a envoyé en disant « ne tarde point. » — « Va à la grange, répondit-elle, et prends-en autant que tu en veux. » Il y alla, remplit une jarre de froment et d'orge, et revint en la portant sur ses épaules. Quand la femme le vit, elle dit : « Viens, et bavardons un moment. » Mais il répondit : « Mon frère est pour moi un père, et il a dit : ne tarde point. » Il refusa donc d'écouter la bavarde et partit vers le champ, la charge sur ses épaules. La femme était fort en colère ; elle était rancunière, et menteuse par-dessus le marché. Quand, le soir, le frère aîné revint des champs, elle se couvrit de suie pour avoir l'air d'avoir été battue. Elle dit à son mari : « Quand ton frère est venu chercher des graines, il m'a demandé de bavarder un moment avec lui. J'ai refusé, et il m'a battue. » Le frère aîné devint alors comme une panthère du sud ; il aiguisa son couteau et se posta derrière la porte de l'étable. Quand le soleil se fut couché, comme le frère cadet revenait chargé des herbes coupées au champ, à son habitude, la vache qui marchait en avant du troupeau lui dit : « Vois, ton frère aîné est là avec un couteau pour te tuer. Fuis rapidement. » Il entendit la vache, regarda sous la porte de l'étable et vit les pieds de son frère aîné qui était debout derrière la porte, son couteau à la main. Il s'enfuit ; son frère le pour-suivit avec le couteau. Mais le jeune frère implo-ra le secours du Soleil ; le Soleil l'entendit, et fit jaillir soudain entre les deux hommes une grande masse d'eau ; cette eau était pleine de crocodiles. Les deux frères se tenaient chacun d'un côté de l'eau ; le cadet raconta alors à l'aîné tout ce qui s'était passé. Celui-ci, saisi de repentir, se mit à pleurer. Mais il ne put atteindre la rive opposée à cause des crocodiles. Son jeune frère lui cria donc : « Rentre à la maison et soigne le bétail toi-même. Car je n'habiterai plus à l'endroit où tu es. J'irai à la Vallée de l'Acacia. Voici ce que tu feras pour moi. Tu devras venir et me soigner s'il m'arrive malheur, car j'enchanterai mon cœur et je le placerai en haut de la fleur de l'acacia; si on coupe l'acacia et si mon cœur tombe par terre, tu viendras le chercher; quand tu l'auras trouvé, tu le placeras dans un vase plein d'eau fraîche. Alors je reviendrai à la vie. Voici le signe auquel tu sauras qu'il m'est arrivé malheur : le pot de bière qui est dans ta main bouillonnera. » Il partit donc vers la Vallée de l'Acacia; son frère retourna chez lui, se couvrit la tête de poussière, tua sa femme et jeta son cadavre aux chiens.

Pendant bien des jours, le jeune frère demeura seul dans la Vallée de l'Acacia. Le jour, il chassait les bêtes dans les champs; le soir il venait s'étendre sous l'acacia, qui portait son cœur, en haut de sa fleur. Au bout de quelque temps, il se bâtit une maison dans la Vallée de l'Acacia. Les dieux eurent pitié de lui; ils créèrent une femme et la lui donnèrent; elle était parfaite; ses membres étaient plus beaux que ceux d'aucune autre femme, car tous les dieux étaient en elle. Mais un jour il arriva qu'une boucle de ses cheveux tomba dans le fleuve et flotta jusqu'au pays d'Egypte, à la maison des laveuses du Pharaon. Le parfum de cette boucle pénétra les vêtements du Pharaon; on fit des reproches aux laveuses, car on dit : « Un parfum dans les vêtements du Pharaon ! » Le chef des laveuses fut attristé en son cœur des plaintes qu'on lui adressait chaque jour; il alla sur le quai et aperçut dans l'eau la boucle de cheveux. Il envoya quelqu'un la chercher dans le fleuve; trouvant son parfum suave, il la porta au Pharaon. On envoya chercher les magiciens du souverain, qui dirent : « Cette boucle de cheveux appartient à une fille du Soleil, qui a en elle l'essence de tous les dieux. Que des messagers aillent dans tous les pays étrangers pour la chercher. » On ramena donc la femme de la Vallée de l'Acacia avec des chars et des archers; tout le pays d'Egypte se réjouit de sa venue, et Pharaon l'aima. Quand il l'interrogea sur son mari, elle répondit au Pharaon: « Que l'on coupe l'Acacia et qu'on le détruise. » Il envoya donc des hommes avec des outils pour abattre l'acacia. Ils coupèrent la fleur sur laquelle était le cœur de Bata ; et celui-ci tomba mort à cette heure fatale. Le lendemain, quand il fit jour, comme le frère de Bata était entré dans sa maison et s'était assis, on lui apporta un pot de bière qui se mit à bouillonner, et une cruche de vin qui devint trouble. Il prit son bâton et ses sandales et se rendit à la Vallée de l'Acacia; il y trouva son jeune frère gisant mort dans sa maison. Il chercha son cœur sous l'Acacia. Pendant trois années, il chercha en vain; mais il le trouva enfin dans une baie de l'Acacia. Il jeta alors le cœur dans une tasse d'eau fraîche. Quand il fit nuit, et que son cœur eut absorbé beaucoup d'eau, Bata secoua ses membres et revint à la vie. Il but la tasse d'eau dans laquelle se trouvait son cœur; son cœur revint à sa place et il vécut comme auparavant.

***

La Méchante Fée

Une histoire italienne raconte qu'un grand nuage, qui en réalité était une fée, recevait chaque année d'une certaine ville un tribut consistant en une jeune vierge; les habitants devaient lui livrer leurs filles, sinon le nuage leur lancerait des objets qui les tueraient tous. Il arriva une année que le sort désigna la fille du roi; on la conduisit en procession, au roulement assourdi de tambours; son père et sa mère la suivirent en pleurant jusqu'au sommet d'une montagne et la laissèrent là, seule, assise sur un siège. Le nuage descendit alors sur le sommet de la montagne, prit la princesse dans son sein, et se mit à lui sucer le sang par son petit doigt; car c'est du sang des jeunes filles que vivait la méchante fée. Quand la pauvre princesse fut si affaiblie par la perte de son sang qu'elle gisait comme une bûche, le nuage l'emporta jusqu'à son palais féerique dans le ciel. Mais un courageux jeune homme avait vu de derrière un buisson tout ce qui se passait; dès que la fée eut enlevé la princesse, il se changea en aigle et partit en volant à sa poursuite. Il se posa sur un arbre qui se trouvait juste en dehors du palais; en regardant par la fenêtre, il aperçut une salle pleine de jeunes filles, qui toutes étaient couchées; c'étaient les victimes des années précédentes que le nuage avait à demi tuées en leur suçant le sang; elles l'appelaient cependant maman. Quand la fée sortit et laissa les jeunes filles, le courageux jeune homme leur fit monter de quoi manger, par des cordes; il leur dit de demander à la fée comment elle pourrait mourir et ce qui adviendrait d'elles si elle mourrait. La question était délicate; mais la fée y répondit : « Je ne mourrai jamais. » Les jeunes filles insistèrent; elle les emmena sur une terrasse et leur dit : « Voyez-vous cette montagne là-bas au loin? Sur cette montange il y a une tigresse à sept têtes. Si vous voulez que je meure, il faut qu'un lion se batte avec cette tigresse et lui tranche toutes ses sept têtes. Dans son corps se trouve un œuf; si quelqu'un me frappe avec cet œuf au milieu du front, je mourrai; mais si cet œuf tombe entre mes mains, la tigresse reviendra à la vie, recouvrera ses sept têtes, et je vivrai. » Les jeunes filles, quand elles entendirent ses paroles, simulèrent une grande joie et s'écrièrent : « Bravo ! il est certain que maman ne pourra jamais mourir ! » Mais elles étaient naturellement fort découragées. Cependant, quand elle fut partie à nouveau, elles répétèrent tout au jeune homme, qui leur dit de n'avoir nulle crainte. Il alla vers la montagne, se changea en lion et livra bataille à la tigresse. La fée revint là-dessus et dit : « Hélas ! Je me sens mal ! » Six jours durant le combat se poursuivit; le jeune homme coupait l'une des têtes de la tigresse chaque jour, et chaque jour les forces de la fée décroissaient. Le héros s'accorda deux jours de repos, trancha la septième tête et s'empara de l'œuf, qui pourtant roula d'abord dans la mer et lui fut rapporté par un chien de mer plein de bienveillance à son égard. Quand il retourna auprès de la fée, l'œuf à la main, elle le supplia de le lui donner; mais il exigea auparavant qu'elle rendît la santé aux jeunes filles et qu'elle les renvoyât dans de magnifiques équipages. Quand elle l'eut fait, il la frappa avec l'œuf sur le front, et elle tomba morte.

Le Lutin de l'Arbre

Il y avait une fois, dit-on, un jeune paysan activement occupé à faire les foins dans un pré ; un lourd nuage apparut à l'horizon, noir et menaçant, qui l'avertit d'achever bien vite son travail avant que l'orage n'éclatât. Il put finir à temps et il retournait chez lui quand, sous un arbre, il aperçut un étranger qui dormait profondément : « Il va être trempé jusqu'aux os, » se dit le brave garçon, « si je le laisse dormir ainsi. » Il s'avança donc vers le dormeur, le secoua vigoureusement, et l'éveilla. L'étranger sursauta ; à la vue du nuage qui noircissait maintenant tout le ciel, il pâlit, fouilla dans ses poches et, ne trouvant rien pour récompenser le paysan, il dit : « Je serai pour cette fois ton débiteur. Mais un jour viendra où je te rendrai tes bons offices. Rappelle-toi ce que je te dis. Tu t'engageras. Tu seras séparé de tes amis pendant des années, et, un jour, dans un pays étranger, tu sentiras la nostalgie de ton pays.

Ce jour-là, lève les yeux, et tu verras à quelques pas de toi un bouleau recourbé. Va vers lui, frappe trois fois sur le tronc et demande : « Le Recourbé est-il chez lui ? » Le reste suivra. » L'étranger à ces mots partit en hâte et il disparut rapidement. Le paysan s'en alla aussi et il oublia bientôt cette rencontre. Le temps passa, et la prophétie de l'étranger se réalisa en partie. Le jeune homme devint soldat, et servit pendant des années dans un régiment de cavalerie. Un jour, comme il campait avec son régiment dans le nord de la Finlande, il dut soigner les chevaux pendant que ses camarades faisaient la fête à la taverne. Un immense regret de sa patrie et de sa maison s'empara soudain du troupier solitaire; les pleurs montèrent à ses yeux, et des visions chéries de son pays natal se pressèrent en foule dans sa mémoire. Il se souvint alors de l'étranger endormi dans le bois, et tout l'incident lui revint à l'esprit comme s'il s'était passé la veille. Il leva les yeux et il aperçut, chose étrange, un bouleau recourbé juste devant lui. Il s'avança vers l'arbre, amusé, et fit ce que l'étranger lui avait dit. A peine les mots « Le Recourbé est-il chez lui ? » étaient-ils sortis de ses lèvres que l'étranger en personne lui apparut et dit : « Je suis content que tu sois venu. Je craignais que tu ne m'eusses oublié. Tu voudrais bien être chez toi, n'est-ce pas ? » Le troupier répondit que oui. Le Recourbé cria alors dans l'arbre : « Jeunes gens, lequel d'entre vous est le plus rapide. » Une voix répondit du bouleau : « Père, je puis courir aussi vite qu'une poule d'eau. » — « Il me faut un messager plus rapide aujourd'hui. » Une deuxième voix répondit : « Je puis courir comme le vent. » « Je veux un envoyé plus rapide encore. » Une troisième dit alors : « Je puis courir comme la pensée de l'homme. » — « Tu es selon mon cœur. Remplis un sac d'or et emporte-le avec mon ami et bienfaiteur chez lui. » Il prit alors le soldat par le chapeau et lui cria : « Le chapeau à l'homme et l'homme à la maison. » Au même instant, le soldat sentit son chapeau s'envoler de sa tête. Il le chercha des yeux, et il se trouva dans sa vieille ferme, le gros sac d'argent à côté de lui. Et pourtant ni aux revues, ni à l'appel, on ne remarqua jamais son absence. Quand on demanda à l'homme qui racontait l'histoire : « Qui pouvait bien être l'étranger ? » il répondit : « Qui, sinon un lutin des arbres ? »

<hr>

La Princesse qui ne devait pas voir le Soleil

Une histoire danoise nous raconte qu'une princesse était condamnée à être ravie par un enchanteur si le soleil brillait sur elle avant qu'elle eût dépassé sa trentième année ; le roi son père la tenait donc enfermée dans le palais ; toutes les fenêtres donnant sur l'est, le sud et l'ouest avaient été bouchées, de peur qu'un rayon ne tombât sur sa tête chérie et n'entraînât sa perte irréparable. Le soir seulement, lorsque le soleil s'était couché, elle pouvait descendre dans le magnifique jardin du château. Un jour, un prince vint pour prétendre à sa main ; il était suivi d'un cortège de chevaliers et d'écuyers, aux costumes somptueux, sur des chevaux étincelant d'or et d'argent. Le roi déclara au prince qu'il pourrait épouser sa fille, à la condition de vivre avec elle dans ce château où les fenêtres n'avaient vue que sur le nord jusqu'à ce qu'elle eût trente ans. Le prince accepta et le mariage eut lieu. La mariée n'avait que quinze ans : quinze longues et pénibles années devaient s'écouler avant qu'elle pût sortir de sa lugubre prison, respirer l'air frais et voir le soleil. Mais elle et son jeune et vaillant mari s'aimaient et étaient heureux. Souvent, ils restaient assis, la main dans la main, à la fenêtre qui donnait vers le nord et ils parlaient de ce qu'ils feraient s'ils étaient libres. Mais il y avait quelque monotonie à regarder toujours par la même fenêtre, à ne voir que les bois du château, les collines lointaines, et les nuages qui voguaient silencieusement au-dessus. Un jour que tous les habitants du château étaient allés assister à un tournoi et à d'autres réjouissances, les deux jeunes gens restèrent seuls, comme d'habitude, à leur fenêtre sur le nord. Ils gardèrent quelque temps le silence, contemplant au loin les collines. C'était une journée grise et triste ; le ciel était couvert et le temps semblait être à la pluie. A la fin, le prince dit : « Il n'y aura point de soleil aujourd'hui. Si nous allions rejoindre les autres au tournoi ? » La jeune femme s'empressa de consentir ; elle désirait connaître autre chose dans le monde que ces éternels bois gris et ces éternelles collines bleues, les seuls paysages qu'elle apercevait de sa fenêtre. Ils firent donc atteler les chevaux ; la voiture s'avança jusqu'au pas de leur porte ; ils montèrent et partirent. D'abord tout alla bien. Les nuages lourds couraient, très bas, sur les bois, et le vent soupirait dans les arbres ; on aurait difficilement pu imaginer une journée plus morne. Nos jeunes gens se mêlèrent donc à leurs amis et prirent place dans les lices pour assister aux tournois. Mais ils furent si attentifs au spectacle fastueux des coursiers bondissants, des banderoles flottantes, des armures étincelantes des chevaliers, qu'ils ne remarquèrent point le changement, le fatal changement du temps. Le vent, qui s'était

levé, avait dispersé les nuages ; le soleil tout à coup
se mit à briller ; son éclat créa comme une auréole autour la jeune femme, qui disparut aussitôt.
A peine son mari se fut-il aperçu de son absence
que lui aussi, il disparut mystérieusement. Le
tournoi se termina dans une confusion générale ;
le père éploré rentra en hâte dans son château
et s'enferma dans cette sombre retraite que la
lumière de la vie avait abandonnée. Les bois
verdoyants et les collines bleues se voyaient
encore de la fenêtre qui donnait sur le nord ;
mais les jeunes visages qui avaient jeté sur ces
paysages de longs regards pensifs avaient dis
paru à jamais.

Sixième Partie

PAYSAGES

Les Bois du Latium

Théophraste nous a laissé une description
des bois du Latium tels qu'ils étaient au quatrième siècle avant notre ère. Il dit : « Le pays
des Latins est tout humide. La plaine produit
des lauriers, des myrtes et des hêtres superbes ;
on y abat des arbres d'une telle taille qu'un seul
tronc suffit pour la quille d'un vaisseau tyr-
rhénien. Des pins et d'autres conifères croissent
sur les montagnes. Ce qu'on nomme le pays de
Circé est un haut promontoire planté d'épais
massifs de chênes, de myrtes et de lauriers
luxuriants. Les habitants disent que Circé y demeurait, et ils montrent le tombeau d'Elpénor,
sur lequel poussent les myrtes dont on tresse des
couronnes, tandis que les autres myrtes sont très
élevés. » Le panorama qu'on voyait se dérouler
du sommet du Mont Albain, quand Rome
était encore dans son enfance, a dû être, à certains
égards, fort différent de ce qu'il est de nos jours.
Sans doute, alors comme aujourd'hui, les Apen-
nins empourprés, immuables dans leur éternelle
quiétude, et la Méditerranée, chatoyant dans
son éternel mouvement, offraient à peu près le
même spectacle baigné de soleil ou obombré de

nuages flottants. Mais au lieu de la brune Campagna, brûlée de fièvre, enjambée par ses longues lignes d'aqueducs en ruines, pareils aux arches brisées du pont allégorique qu'Addison décrit dans sa vision de Mirza, le regard devait, à l'origine, parcourir une autre étendue de pays ; il plongeait sans doute sur une contrée couverte de forêts, se prolongeant à des lieues à la ronde, en tous sens, jusqu'au point où leurs mille nuances de vert printanier, ou les écarlates et les ors de l'automne se fondaient insensiblement dans les azurs lointains de la mer et de la montagne.

Une Fête de la Moisson a Cos

Théocrite a tracé pour nous, avec les teintes les plus vives, une peinture d'une fête de la moisson rustique, telle qu'on la célébrait par une radieuse journée d'automne, il y a deux mille ans, dans la petite île grecque de Cos. Le poète nous raconte qu'il alla, avec deux de ses amis de la ville, à une fête donnée par les paysans, qui offraient à Déméter les prémices de l'orge dont elle avait empli leurs greniers. Il faisait très chaud ce jour-là, si chaud que les lézards eux-mêmes, qui aiment à se chauffer

ou à courir au soleil, étaient assoupis dans les
crevasses des murs; pas une alouette ne prenait
son essor vers la voute bleue du ciel, pas une ne
faisait retentir sa chanson. Cependant, malgré
la grande chaleur, on voyait partout des traces
de l'automne. « Toutes choses, dit le poète,
respiraient l'été, mais respiraient aussi l'automne. » La journée était véritablement autom-
nale, car un chevrier en rencontrant les amis
qui se rendaient à leur fête rustique, leur demanda s'ils allaient fouler les raisins dans le
pressoir. Quand ils furent arrivés et se furent
reposés à l'ombre mobile des peupliers et des
ormeaux, avec le gazouillis d'une source voisine,
le bourdonnement des abeilles, le chant monotone
des cigales, et le roucoulement des colombes à
leurs oreilles, ils virent les pommes et les poires
mûres rouler à leurs pieds dans l'herbe et les
branches des pruniers sauvages se courber
jusqu'à terre sous le poids de leurs fruits
violacés. Ainsi étendus sur des lits moelleux
de lentisque parfumée, ils passèrent les heures
étouffantes du milieu du jour à chanter des
chants alternés, tandis qu'une statue rustique
de Déméter, en l'honneur de qui devait se célébrer la fête, souriait, debout sur l'aire à côté
d'un tas de grains jaunâtres, des tiges de blé
et des coquelicots à la main.

Le Vallon d'Adonis

A Aphaca se trouvaient un bosquet célèbre et un sanctuaire non moins célèbre d'Astarté. L'emplacement du temple a été découvert par des voyageurs modernes, tout près du misérable village qui porte encore le nom d'Afka, au fond de la gorge sauvage et boisée de l'Adonis. Le hameau s'élève parmi des bosquets de noyers séculaires sur le bord de la ravine. Non loin de là, le fleuve jaillit d'une caverne, au pied d'un vaste cirque de falaises élevées, pour plonger, de cascades en cascades, jusque dans le gouffre effrayant de la vallée. Plus il descend profondément, plus touffue et plus dense devient la végétation; elle s'échappe de toutes les fissures des rochers et étend comme un voile d'émeraude sur le torrent, qui mugit et murmure au fond de l'abîme redoutable. On est envahi par une sensation de délice, presque d'ivresse, devant la fraîcheur de ces eaux tumultueuses, en respirant la douceur et la pureté de l'air des montagnes, au milieu de la luxuriante verdure. Le temple s'élevait sur une terrasse, à la source de la rivière, dominant une magnifique perspective; quelques énormes blocs taillés et une élégante colonne en granit de Syène en marquent encore

l'emplacement. Par delà l'écume et le bruyant
tonnerre des cataractes, le regard s'élève jusqu'à
la grotte et puis jusqu'au faîte lointain des su-
blimes précipices. Telle est la hauteur de la
falaise que les chèvres qui en longent les rebords
au sommet pour y brouter les jeunes pousses
apparaissent comme des fourmis au spectateur
placé à quelques centaines de pieds au-dessous.
Du côté de la mer, le paysage produit une impression particulièrement frappante, surtout lorsque le soleil inonde de ses ors les profondeurs
de la gorge, et révèle toute la variété de ses
arcs-boutants fantastiques, et les tours circulaires
du rempart montagneux, tout en éclairant doucement le vert nuancé des bois qui revêtent le
vallon. C'est là, nous dit la légende, que se virent
pour la première et la dernière fois Adonis et
Aphrodite, et c'est là que fut enseveli le corps
mutilé du chasseur divin. Est-il possible d'imaginer un décor plus parfait pour ce drame d'amour
et de mort ?

Pourtant, tout enfermée qu'elle soit et qu'elle
ait dû toujours être, la vallée n'est pas entièrement déserte. Ça et là, un couvent ou un hameau se profilent à l'horizon, hissés au sommet
de quelque rocher, ou cramponnés au flanc
d'une falaise qui s'élève au-dessus du fleuve
assourdissant et écumeux ; à la tombée du soir,

les lumières qui scintillent à travers l'obscurité
révèlent l'existence d'habitations sur des escarpements qu'on s'imaginerait inaccessibles au pied
humain. Dans l'antiquité, tout ce ravissant vallon
paraît avoir été consacré à Adonis, et sa mémoire
le hante encore aujourd'hui, car, sur les hauteurs
qui l'enserrent se dressent, en divers endroits,
des ruines, monuments de son culte; quelques-
unes surplombent des abîmes béants qu'on ne
peut sonder du regard sans se sentir pris de
vertige, tandis que l'œil suit le vol des aigles qui,
bien plus bas, tournoient autour de leurs aires.

L'un de ces monuments existe encore à Ghi-
neh. Sur la surface d'un grand roc, au-dessus
d'une niche grossièrement taillée, nous trouvons
les figures d'Adonis et d'Aphrodite, sculptées
dans la pierre. Le dieu est représenté, la lance
à la main, aux aguets d'un ours menaçant;
la déesse, assise, est dans une attitude de profonde affliction. Cette figure, accablée de douleur, est peut-être bien l'Aphrodite-en-pleurs du
Liban qu'a décrite Macrobe, et l'alcôve ébauchée
dans le roc est, sans doute, le tombeau de son
amant. Les fidèles croyaient qu'Adonis était,
chaque année, mortellement blessé sur les montagnes, et que, chaque année, la nature entière se
teignait du rouge de son sang. Pareillement,
chaque printemps, les vierges de Syrie pleuraient

la mort prématurée de l'Adolescent, tandis que
l'anémone rouge, sa fleur de prédilection, s'épa-
nouissait sous les sombres cèdres du Liban,
et que le fleuve, perdant sa couleur naturelle,
roulait vers la mer le sang du dieu, et bor-
dait d'un ourlet écarlate, quand le vent soufflait
du large, les rives sinueuses de la bleue Méditerranée.

Le Repaire des Pirates de Cilicie

Les anciens habitants des plateaux de la
Cilicie gagnaient leur pain par des moyens moins
respectables que le travail du cultivateur et du
vigneron. C'étaient des boucaniers et des marchands d'esclaves, qui écumaient la haute mer
avec leurs galères et se retiraient avec leur butin
dans la forteresse inaccessible de leurs montagnes. Lors du déclin de la puissance grecque
en Orient, les pirates ciliciens s'organisèrent
en un état formidable; ils se recrutaient dans
la masse des désespérés et des déclassés
qui accouraient là de toutes parts. On peut
voir encore les repaires de ces brigands perchés
au bord des profondes ravines qui creusent le
plateau de distance en distance. Avec leurs murs

de maçonnerie massive, leurs tours et leurs remparts, d'où l'œil découvre des profondeurs vertigineuses, ils sont admirablement situés pour défier toute poursuite de la justice. Dans l'antiquité, les sombres forêts de cèdres, dont était revêtue une grande partie du pays, et qui fournissaient aux pirates le bois de construction pour leurs navires, devaient rendre encore plus difficile l'accès de ces forteresses. La gorge profonde où la rivière Lamas se fraye en zigzag un chemin, brisé comme l'éclair, au cœur des montagnes, passe, de temps en temps, près de villes fortifiées, dont quelques-unes, magnifiques dans leurs ruines, dominent encore de véritables falaises au-dessus du cours d'eau. Il n'y a plus là, aujourd'hui, que des tanières de boucs sauvages et d'ours. Chacune de ces bandes de pirates avait ses armes et ses insignes à elle, que l'on voit encore gravés sur les tours en ruines. Sans doute, aussi, ces mêmes insignes décoraient-ils la coque, les voiles, ou l'étendard de la galère qui, montée par un équipage de ces bandits, allait attaquer les riches navires marchands dans la Mer Dorée, comme les corsaires appelaient la grande voie commerciale qui s'étendait entre la Crète et l'Afrique.

Un escalier taillé dans le roc fait communiquer l'une de ces forteresses en ruines avec la rivière qui coule dans le vallon, à un millier de pieds au-dessous; mais les marches en sont usées et dangereuses, voire même impraticables. On peut suivre pendant des kilomètres la crête de ces prodigieuses falaises sans savoir comment en descendre. Les sentiers ne se maintiennent que sur les hauteurs, car, en beaucoup d'endroits, même les agiles nomades, qui, seuls, errent dans ces solitudes, ne peuvent trouver dans le ravin un endroit où poser le pied. Le soir, le cours sinueux de la rivière est marqué, sur une longue distance, par un brouillard qui, à mesure que disparaît la chaleur de la journée, s'élève comme une vapeur des profondeurs de la gorge, et reste comme suspendu au-dessus d'elle, en une ligne ondulée de nuages floconneux. Mais plus imposante encore que la ravine de Lamas est la gorge effrayante connue sous le nom de *Sheitan dere* ou vallon du Diable, près de la caverne corycienne. Les prodigieuses murailles rocheuses qui s'allument sous l'éclat du soleil et deviennent ténébreuses dans l'ombre profonde pour enfin se voûter sous un firmament du bleu le plus intense, dessinent d'une frange ondoyante le lit desséché du torrent, obstrué tant par les pierres que par un fouillis de plantes vivaces enchevêtrées; parmi celles-ci, les lauriers-roses avec leurs tiges élancées, leurs feuilles minces

et leurs bouquets de fleurs écarlates, frappent
agréablement le regard.

—————

LA CAVERNE CORYCIENNE

En partant de Corycus et en longeant le rivage
pendant une heure vers l'ouest, nous arri-
vons à une jolie anse que ferment des collines
boisées, où une source d'eau fraîche jaillit près
de la plage et donne à l'endroit son nom de
Tatlu-su, c'est-à-dire « Eau Douce. » De cette
baie, un sentier escarpé, long d'environ un mille,
aboutit à une ancienne voie pavée qui mène
sur le plateau. Là, en frayant son chemin à
travers un labyrinthe ou une mer pétrifiée de
roches calcaires déchiquetées, on se trouve tout à
coup sur la pente d'un abîme béant et insondable,
qui est la caverne corycienne. En fait, ce n'est
pas une caverne, mais un immense trou, ou,
pour ainsi dire, un bassin ovale, ouvert dans le
plateau, d'un kilomètre environ de tour. La
hauteur des falaises qui l'enserrent varie de cent
à plus de deux cents pieds. Le fond rugueux de ce
gouffre s'incline sur toute sa longueur du nord
au sud ; il est revêtu d'un épais fourré d'arbres
et d'arbrisseaux, myrtes, grenadiers, caroubiers

et bien d'autres, que des ruisselets, des eaux souterraines et l'ombre des hautes falaises maintiennent frais et verdoyants. Un seul sentier étroit descend jusqu'au bas de la caverne. Le trajet est long et pénible; à mesure qu'on descend, la végétation devient plus dense; enfin, c'est dans l'ombre miroitante des feuillages qui bruissent sous la brise, c'est au son du clapotis des fontaines qui jaillissent, qu'on atteint le fond de l'abîme. On ne trouve plus parmi ces buissons le safran qui y poussait jadis, bien qu'il fleurisse encore dans la contrée environnante.

Les pâtres nomades ont donné le nom de Paradis à cette caverne, avec sa verdure si riche, sa fraîche humidité, et son ombre bienfaisante. Là, ils attachent leurs chameaux, là ils font brouter leurs chèvres; et ils y viennent à la fin de l'été pour cueillir les grenades mûres. C'est par l'extrémité méridionale, qui est aussi l'endroit le plus profond de ce gouffre immense entouré de falaises, que l'on atteint la caverne proprement dite. L'entrée en est obstruée en partie par les ruines d'une église byzantine, qui remplaça un temple païen. Le sol de la caverne descend, en pente douce, dans les entrailles de la terre. L'ancien chemin pavé de pierres polygonales s'y voit encore, mais pour se perdre bientôt sous le sable. La caverne se termine à deux cents pieds environ de son ouverture, et on entend le grondement retentissant d'eaux souterraines. On peut, en rampant et en s'aidant des pieds et des mains, arriver jusqu'à un petit étang, couvert par un toit voûté de stalactites ruisselantes, mais on ne peut apercevoir le torrent dont on entend le grondement sourd. Il n'en était pas de même dans l'antiquité. Une source d'eau claire jaillissait du rocher, mais pour disparaître aussitôt après dans une fissure. De tels changements dans le cours des rivières sont fréquents en des pays exposés aux tremblements de terre, et aux éruptions volcaniques. Les anciens pensaient que cette caverne mystérieuse était un lieu hanté. Dans le grondement et le mugissement des eaux, ils croyaient entendre le choc des cymbales touchées par les mains divines.

LES BAINS DE SALOMON

Les célèbres sources thermales du pays de Moab vont, à travers une gorge sauvage, se jeter dans la mer Morte. Les Grecs dans l'antiquité les surnommaient Callirrhoé, *Les Belles Ondes*. Hérode mourant, accablé de maladies multiples que les Juifs dévôts attribuaient à la vengeance divine, s'en fut vainement chercher dans ces eaux un arrêt ou un répit au fatal progrès de son mal. Mais les eaux salutaires ne lui apportèrent aucun soulagement, et il dut se retirer à Jéricho, pour y mourir. Les fameuses fontaines jaillissent en divers endroits des flancs d'une profonde et pittoresque ravine; elles forment un torrent d'eau tiède qui se précipite dans le creux du vallon, bondissant de roche en roche et y jetant son écume, à l'ombre noire des tamaris et des fourrés de roseaux. Des deux côtés, le rivage, semé de blocs, se frange de fougères capillaires; l'une des sources se déverse du haut d'un talus rocailleux, le long d'une falaise que l'eau sulfureuse a nuancée de jaune. Les escarpements élevés qui resserrent l'étroit abîme sont aussi audacieux et imposants que variés de teintes; car ils passent par toute une gamme de couleurs, du grès rouge au calcaire blanc et jaune et au noir basalte; c'est à l'endroit où le grès et le calcaire se touchent que sortent les eaux. Leur degré de chaleur est très élevé, et des tourbillons de vapeur émanent des pentes montagneuses largement fendillées, tandis qu'on entend le sourd mugissement des eaux. Le fond de la vallée est garni, pour ne pas dire obstrué, par une végétation épaisse, car le chaud ravin, qui se trouve bien au-dessous du niveau de la mer, possède une température et une flore presque africaines. Ici se voient des fourrés de roseaux aux flocons empennés, que tour à tour la brise secoue ou balance; là se plaisent les lauriers-roses dont la frondaison vert-sombre et lustrée mire dans l'eau ses belles fleurs; plus loin les dattiers dressent leur cime altière; un torrent de verdure jaillit partout où passe le torrent aux ondes chaudes. Le sol est tapissé des plantes les plus magnifiques. De superbes orobanches d'un rose violacé ou d'un jaune éclatant forment de grands bouquets, avec leurs tiges, couvertes de fleurs depuis le sol jusqu'à la cime, de plus d'un mètre de hauteur. Parmi les pierres, abonde un géranium rosé et exquis; et, là où la terre est plus riche, elle fait éclore un fouillis de giroflées, qui, la nuit, parfument l'air, tandis que les fentes des rochers se parent de renoncules écarlates, d'oseilles et de cyclamens. Un essaim de papillons, aux grandes ailes diaphanes et bariolées, voltige sur toute cette luxuriante végétation. En étendant les regards sur la grande gorge jusqu'à son débouché, on verra au loin les collines violettes de Judée entre deux murs de noires colonnes basaltiques et de grès purpurin.

Chaque année, aux mois d'avril et de mai, les Arabes se rendent en foule au vallon pour se reposer et prendre les eaux. Ils s'installent

dans des huttes faites de roseaux coupés dans les
fourrés. Ils se baignent dans l'eau fumante, ou
bien la reçoivent sur leur corps, lorsqu'en jet
puissant elle sort des rochers crevassés. Mais,
avant de se permettre ces ablutions, ces visiteurs, tant musulmans que chrétiens, se rendent
propice l'esprit ou le génie du lieu par le sacrifice
d'un mouton ou d'une chèvre offert à la source.
Ils laissent l'eau se teindre du sang rouge; ils
se baignent ensuite dans ce qu'ils nomment les
Bains de Salomon. La légende rapporte que
Salomon le Sage créa ces thermes; et pour que
l'eau se maintînt toujours chaude, il ordonna aux
génies de ne jamais laisser mourir le feu. Les
génies ont obéi jusqu'à cette heure, mais ils se
relâchent parfois dans leur effort, et l'eau baisse
et se refroidit. Dès que les baigneurs s'en aperçoivent, ils disent : « O Salomon, apporte du
bois vert, du bois sec ! » A peine ont-ils dit que
l'eau se met à gazouiller et à fumer comme
devant. Les malades énumèrent tous leurs maux
au saint, ou au cheik, qui vit invisible dans les
sources; ils lui indiquent le point exact où siège
la douleur, que ce soit le dos, la tête ou les
jambes; et si la chaleur de l'eau diminue, ils
s'écrient : « Ton bain est froid, ô Cheik, ton bain
est froid ! » Sur quoi l'aimable Cheik attise le
feu, et voilà que l'eau se remet à couler bouil-

lante. Mais si, malgré les remontrances, la température de la source reste basse, on dit que le Cheik est parti en pèlerinage, et on crie bien fort pour hâter son retour.

***

Les Cascades Pétrifiées d'Hiérapolis

Il a été impossible de découvrir de nos jours la mystérieuse caverne d'Hiérapolis aux vapeurs mortelles; on pourrait croire qu'elle a disparu dès l'antiquité; peut-être a-t-elle été détruite par un tremblement de terre. Mais une autre merveille de la Ville Sainte subsiste encore de nos jours. Les sources chaudes, avec leur dépôt calcaire qui, comme la baguette d'un enchanteur, change en pierre tout ce qu'il touche, excitaient l'admiration étonnée des anciens, et le temps n'a fait depuis que rehausser la splendeur fantastique de cette féerie. Les ruines majestueuses d'Hiérapolis occupent une large terrasse sur le versant de la montagne et dominent au loin un paysage d'une beauté et d'une grandeur extraordinaires, qui s'étend depuis les sombres précipices et les neiges éblouissantes du Mont Cadmus jusqu'aux sommets brûlés de la Phyrgie, dont les teintes rosées se meurent dans le bleu du ciel.

Derrière la cité s'élèvent des collines entrecoupées de ravins boisés. Devant, la terrasse tombe en falaises, de trois cents pieds de hauteur, vers la vallée désolée et sans arbres du Lycus. Du haut en bas de ces falaises, les sources chaudes se sont déversées, ou ont coulé goutte à goutte, pendant des milliers d'années, et les ont incrustées d'une substance blanche et perlée, pareille à du sel ou de la neige. L'effet produit par l'ensemble est celui d'un puissant fleuve, de quelques trois kilomètres de large, qui aurait été subitement figé en pleine chute le long d'une haute falaise et se serait mué en marbre blanc. C'est un Niagara pétrifié.

L'illusion est surtout très forte en hiver ou dans la fraîcheur des matins d'été, lorsque le brouillard des sources chaudes flotte dans l'air, comme un voile d'embrun tendu au-dessus de l'écume de la cascade. La falaise blanche, qui attire l'attention du voyageur à une distance de vingt milles, s'embellit encore quand on l'examine de plus près, et crée mirage sur mirage. On dirait alors un glacier ; ses longues stalactites pendent comme des aiguilles de glace, et les neiges immaculées de sa nappe lisse se nuancent, çà et là, de délicates touches bleues, roses, vertes, de toutes les couleurs de l'arc-en-ciel. Ces cascades pétrifiées d'Hiérapolis sont parmi les merveilles du monde. Il est même probable qu'elles sont sans rivale dans leur genre, depuis qu'une éruption volcanique a détruit les fameuses terrasses blanches et roses de Rotomahana en Nouvelle-Zélande.

Les sources chaudes qui ont créé ces miracles à Hiérapolis jaillissent dans un large et profond étang, parmi les ruines aussi vastes qu'imposantes de l'ancienne ville. Leurs eaux limpides et transparentes sont d'un vert céladon.. Au fond, on peut voir les colonnes corinthiennes de marbre blanc qui devaient autrefois former une belle galerie autour de la fontaine sacrée; elles étincellent à travers l'eau vert-bleu et ressemblent aux ruines d'un palais de Naïades. Des touffes de lauriers-roses et de grenadiers ombragent le petit lac et ajoutent à son charme. Mais ce lieu enchanté n'est pas sans dangers. Des bulles d'acide carbonique s'élèvent sans cesse du fond et montent à la surface, en pétillant comme des paillettes argentées. Sur la berge, on trouve des cadavres de bêtes et d'oiseaux, venus pour s'abreuver, que la vapeur méphitique a asphyxiés; et les villageois racontent l'histoire de baigneurs, accablés par ces gaz irrespirables, qui se sont noyés là, ou plutôt, comme ils disent, ont été entraînés au fond de l'étang par le génie des eaux.

TABLE DES MATIÈRES

Page

QUATRIÈME PARTIE
MYTHES ET LÉGENDES

CINQUIÈME PARTIE
HISTOIRES

SIXIÈME PARTIE
PAYSAGES

OUVRAGES

DE

SIR J. G. FRAZER

OUVRAGES ANGLAIS

THE GOLDEN BOUGH. A Study in Magic and Religion. Third Edition, 12 volumes. 8⁰ Macmillan. London. 1911-1915.

Part I. — The Magic Art and the Evolution of Kings. 2 volumes.
— II. — Taboo and the Perils of the Soul.
— III. — The Dying God.
— IV. — Adonis, Attis, Osiris. Studies in the History of Oriental Religion. 2 volumes.
— V. — Spirits of the Corn and of the Wild. 2 volumes.
— VI. — The Scapegoat.
— VII. — Balder the Beautiful : The Fire-Festivals of Europe and the Doctrine of the External Soul.
Vol. XII. — Bibliography and General Index.

The Golden Bough. A Study in Magic and Religion. ABRIDGED EDITION 8⁰. Macmillan. London, 1922.

Totemism and Exogamy. A Treatise on certain early Forms of Superstition and Society. 4 vols. 8⁰. Macmillan. London, 1910.

Psyche's Task. A Discourse concerning the Influence of Superstition on the Growth of Institutions. Second edition. To which is added " The Scope of Social Anthropology. " 8⁰. Macmillan. London, 1913.

Folk-lore in the Old Testament. Studies in comparative Religion, Legend and Law. 3 vols. 8⁰, Macmillan. London 1918.

Folk-lore in the Old Testament. Studies in comparative Religion, Legend and Law. ABRIDGED EDITION. 8⁰ Macmillan, London 1923.

Passages of the Bible, chosen for their literary beauty and interest. Second Edition. A. and C. Black. London. 1909.

The Belief in Immortality and the Worship of the Dead. Vol. I. The Belief among the Aborigines of Australia, the Torres Strait Islands, New Guinea, and Melanesia. 8⁰. Macmillan. London 1913. Vol. II. The Belief among the Polynesians. 8⁰. Macmillan. London. 1922.

Pausanias's Description of Greece. Translated with a Commentary. Illustrations and Maps. Second Edition. 6 vols. 8⁰. Macmillan. London.

Studies in Greek Scenery, Legend and History. Selected from his Commentary on Pausanias. Globe 8°. Macmillan. London.

Apollodorus. The Library (Greek text) with an English translation. 2 vols. small 8°. Loeb Classical Library. W. Heinemann. London. 1921.

Sallust. The Catiline, Jugurtha, and Fragments of the Histories. Edited with notes. George Bell and Sons. London. 1884.

Sir Roger de Coverley and other Literary Pieces. Macmillan. London. 1920.

Questions on the Manners, Customs, Beliefs, and Languages of Savages. Third impression. Cambridge. The University Press.

Letters of William Cowper. Chosen and edited with a Memoir and a few Notes. 2 vols. Globe 8°. Macmillan. London. 1912.

Essays of Joseph Addison. Chosen and edited with a Preface and a few Notes. 2 vols. Globe 8°. Macmillan. London. 1915.

Sir James George Frazer. Selected Passages from his Writings. Chosen by G. Roth. Avec Préface par M. Charles-Marie Garnier, Inspecteur Général de l'Instruction publique. Hatier. Paris. 1923.

OUVRAGES FRANÇAIS

Sur Ernest Renan. Claude Aveline. Paris. 1923.

Le Rameau d'Or. Edition abrégée. Nouvelle traduction par Lady Frazer. P. Geuthner. Paris. 1923.

Adonis. Etude de religions orientales comparées. Traduction par Lady Frazer. P. Geuthner. Paris, 1922.

Le Folk-lore dans l'Ancien Testament. Edition abrégée. Traduction par E. Audra. Avec Préface par M. André Dussaud, Membre de l'Institut. P. Geuthner. Paris. 1923.

La Tâche de Psyché. De l'influence de la Superstition sur le développement des Institutions. Traduction par G. Roth. Avec Préface par M. Salomon Reinach, Membre de l'Institut. Armand Colin Paris. 1914.

Sur les Traces de Pausanias. Traduction par G. Roth. Avec Préface de M. Maurice Croiset, Administrateur du Collège de France. Les Belles-Lettres. Paris. 1922.

Sir Roger de Coverley et autres essais littéraires. Traduction par L. Chouville. Avec Préface par Anatole France. Les Belles-Lettres. Paris. 1922.

Les Origines de la Famille et du Clan. Traduction par la Comtesse J. de Pange. P. Geuthner. Paris. 1922.

Les Origines magiques de la Royauté. Traduction par P.-H. Loyson. 4°. P. Geuthner. Paris. 1920.

Le Bouc Emissaire. Traduction Pierre Sayn. P. Geuthner. Paris 1925.

Atys et Osiris (En préparation).

ACHEVÉ D'IMPRIMER LE TRENTE
SEPTEMBRE MIL NEUF CENT VINGT-CINQ
PAR L'IMPRIMERIE SAINTE-CATHERINE,
BRUGES, (BELGIQUE).